주니어 골프

JUNIOR GOLF

주니어 골프

아라이 신이치 감수 / 차병기 옮김

고려닷컴

골프는 온 가족이 다 함께
즐길 수 있는 운동이다

여러분도 잘 알다시피 골프는 남녀노소를 막론하고 누구든 함께 즐길 수 있는 운동이다. 그렇지만 처음부터 자녀들만 라운딩을 하게 내버려두면 예상치 못한 위험에 접할 수 있다. 그러므로 골프에 입문하는 자녀들에게 처음부터 기술적인 사항뿐만 아니라 골프의 룰이나 매너 등을 확실하게 가르치는 것이 아주 중요하다. 부모가 자녀들과 함께 골프를 즐김으로써, 가족간의 유대관계가 한층 깊어지고 부모로서의 책임감도 생길 것이다. 경우에 따라서는 오히려 자녀들로부터 골프의 기술적인 부분에 대한 힌트를 얻는 일도 생길지 모른다.

우리 애들이 다른 골퍼들에게 방해가 되지 않을까… 처음에는 이러한 것들이 염려스러울 수도 있다. 굳이 골프에 국한하지 않더라도 모든 스포츠에서, 처음 시작할 때는 모두 초심자다. 그러므로 기술적인 사항은 제쳐두고서라도 우선 해야 할 일이 안전하게 골프를 즐길 수 있도록 필요한 룰과 매너를 가르쳐야 한다. 이러한 가르침은 자녀들에게 사회성과 자립심을 심어주는 효과도 얻을 수 있다.

그리고 신체적인 면에서 살펴보면, 캐디백을 직접 짊어지고 걸으면서 라운딩을 하면 평소의 운동 부족이 자연적으로 해소되며 다리와 허리 또한 튼튼해진다. 캐디백을 짊어지고 경사진 곳을 걸으면 모든 운동에서 필수 요소인 몸 전체의 평형 감각을 자연스레 익히게 된다. 요즘의 자녀들은 과거의 어린이들에 비해 상대적으로 들이나 산에서 뒹굴며 뛰어노는 환경에 접할 수 있는 기회가 적기 때문에, 자신의 동심을 조절할 수 있는 능력이 미흡하다. 승용 카트를 이용하면서 라운딩하는 것도 자녀들에게는 하나의 즐거움이라 생각되지만, 가능한 한 자연을 즐기면서 걸을 수 있는 환경을 만들어 주는 것이 중요하다. 부모도 체력 유지를 겸하여 캐디백을 짊어지고 자녀들과 함께 걸으면서 라운딩하는 것을 추천한다.

골프는 다른 사람과 경쟁하면서 승부를 겨루는 경기가 아니다. 골프는 자기 하기에 따라 좋은 결과를 얻기도 하며, 결과에 대한 책임 또한 자신의 몫이다. 그러나 골프는 여러 명이 함께 하는 운동이므로 매너를 지키고 다른 사람들을 배려하는 마음이 필요하다. 자녀들이 골프를 통해 이러한 페어플레이 정신을 익히면 신체적 건강뿐만 아니라 정서적으로도 안정된 성장을 기대할 수 있다. 자녀들이 마음껏 골프를 즐기면서 부상 없이 라운딩을 마칠 수 있는 환경을 조성하는 것은 부모의 지도에 달려 있다.

우선 자녀와 함께 시작하자

최근 프로 골프계에서 젊은 세대 골퍼들의 눈부신 활약이 세간의 주목을 받기 시작한 덕분에 아마추어 주니어 골퍼 인구가 매년 증가하고 있다. 골프 연습장도 이러한 세간의 흐름에 발맞추어 주니어 대상 골프 강좌를 많이 개설하고 있다. 그리고 골프 강좌의 수강료도 예전과 달리 피아노나 수영 등의 수강료와 별 차이가 없으며, 오히려 요즘에는 가격이 더 저렴한 경향이 있다. '골프는 비용이 많이 든다' '부자들만의 오락' 이라는 개념은 점점 사라져가고 있다. 그리고 유럽의 골프장처럼 늦은 오후부터는 지역의 어린이들이 마음껏 사용할 수 있는 골프장과 저렴하게 어린이용 요금을 설정해 놓은 골프장의 수가 점점 늘어나고 있는 추세이다.

최근 들어 보다 많은 어린이들이 골프장을 사용할 수 있는 환경으로 점차 변해가고 있다. 이런 추세라면 '장래의 타이거 우즈가 …' '우리 자녀를 프로 골퍼로…' 등 자녀에게 기대를 거는 부모들도 적지 않으리라 짐작된다. 그러나, 이 책의 요지는 무엇보다도 '골프를 즐기는 것' 이다. 평상시에 자연 속에서 뒹굴며 뛰어놀 수 있는 기회가 별로 없는 요즘의 어린이들에게 골프장은 새로운 놀이터가 될 수 있다. 어린이들이 골프장에 가는 것을 즐거워하는 이유가 '거기 가면 개구리나 뱀 등을 볼 수 있다' '넓은 곳에서 마음껏 뛰어다닐 수 있다' 등 단순할 수도 있으나, 이러한 것들이 처음 골프를 접하는 계기가 될 것이다. 재미가 있으면 다시 찾게 되고 그러한 행동이 반복적으로 이루어진다면 골프 자체가 좋아지게 되리라 생각한다.

처음부터 곧이 곧대로 골프를 가르치면 어린이들은 금세 골프에 대한 흥미를 잃어버리거나 절대로 오랫동안 지속하지 못한다. 우선 골프를 즐기게 하고 골프가 좋아지게끔 만드는 것이 중요하며, 그 결과, 어린이는 골프를 즐기면서 조금씩 골프 실력을 쌓게 된다. 취미로써 골프를 즐기는 것과 프로 선수를 목표로 골프를 하는 것은 나중에 정해도 늦지 않으므로, 먼저 자녀들과 함께 즐기는 골프를 시작할 것을 권장한다.

|  흥미 | 골프가 좋아진다. 골프장에 가는 것이 기다려진다. 좋아지면 자연히 향상심이 생기고 잘 치고 싶은 마음이 생긴다. | **1** |

| 신체 능력 | 하고 싶은 마음과 능력이 생기면 자연히 바른 스윙을 할 수 있게 된다. 단  초·중등생은 아직 근력이 발달하는 단계이므로 무리하게 강요하는 것은 금물이다. | **2** |

|  기술 | 기본적인 운동 신경이나 신체의 밸런스 감각이 형성되는 시기가 어린 시절이다. 골프에 집착하기 보다는 여러 가지 운동을 시키는 것이 중요하다. | **3** |

먼저 골프를 즐기게 한다
다른 스포츠에도
관심을 갖게 한다

골프는 어른들에게 있어서도 어려운 스포츠 중의 하나이지만, 자녀들에게 골프를 가르칠 때에는 가르치는 부모의 마음이 점점 더 조급해진다. 그러나 상대는 어린이다. 어른들도 마찬가지이지만 어린이를 어떤 틀에 집어넣고 그 틀 안에서 생각하게 하는 것은 재미없는 일이다. 우선은 즐기게 하는 것이 실력 향상의 첫걸음이다. 골프 이론을 먼저 가르치기보다는 자녀들이 골프에 흥미를 가지게 하는 것이 중요하다. 그러면 의외로 어른들보다 훨씬 빨리 적응할 것이다.

많은 어린이들을 지도하면서 느낀 점이지만, 같은 골프에 대해서도 어린이들이 가지는 흥미는 제각기 다르다. 예를 들어, '볼을 멀리 날려 보내는 것이 즐겁다' '볼을 치는 것 자체가 재미있다' '어프로치가 재미있다' '홀 컵 안에 볼이 빠져들어갈 때 기분이 좋다' 등 여러 가지 반응을 보인다. 그러므로 자녀가 골프의 어떤 점에 흥미를 느끼고 있는가를 빨리 알아차리는 것이 중요하다.

실제로 지도할 때 무엇보다 중요한 것은 '정답을 말하지 않는 것'이다. 미스 샷 등 생각대로 골프가 잘 안될 때, 먼저 어린이에게 질문하여 어린이 스스로 생각하게 만든다. 잘 모를 때에는 힌트를 주어 어디까지나 어린이 스스로 깨우치게 한다.

잡지나 레슨 서적 등을 보면 여러 가지 기술적인 이론이 소개되어 있지만, 그러한 모든 이론의 기본은 밸런스 감각 등의 기초적인 신체 능력이다. 골프만 열심히 치면 어린이가 지니고 있는 잠재적인 능력을 묻어버리는 결과를 초래할지도 모른다. 그러므로 어린 시절에는 골프뿐만 아니라 야구, 축구 등 다양한 스포츠에 적극적으로 참가하게 하여 종합적으로 균형 잡힌 운동 신경을 가지게 한다. 만약 자녀를 프로 골퍼로 만들고자 한다면 더더욱 어린 시절에 다른 스포츠에도 경험을 쌓는 것을 추천한다.

골프는 정신적인 면이 경기의 승패를 좌우하는 스포츠다. 따라서 어린이가 처음 골프를 배울 때 골프를 하면 즐겁다는 느낌이 들도록 하는 것이 무엇보다 중요하다. 시켜서 하는 것이 아니라 어린이 스스로 재미가 있어서 한다는 마음가짐이 필요하다. 바른 룰과 매너를 지니게 하여 안전한 환경에서 골프를 즐기게 하는 것 또한 어른들의 몫이다. 기술과 이론을 가르치는 것은 그 다음에 해도 늦지 않다.

제1장

주니어 골프 도구

Junior Golf Gear

골프에 필요한 도구와 명칭

먼저 골프 클럽의 각 부분에 대한 명칭을 알아보자. 골프란 운동은 용도에 따라 여러 가지 형태의 클럽을 사용하지만, 클럽의 명칭은 거의 동일하다. 초심자인 어린이 여러분들도 최소한 이 책에서 소개하는 클럽에 관한 용어는 익혀두자.

헤드의 형상

우드 Wood

페이스의 뒷부분이 튀어나왔으며, 헤드가 큰 클럽. 볼을 때리는 순간, 헤드 뒤쪽에서부터의 미는 힘을 이용하여 볼을 멀리 날려 보낸다.

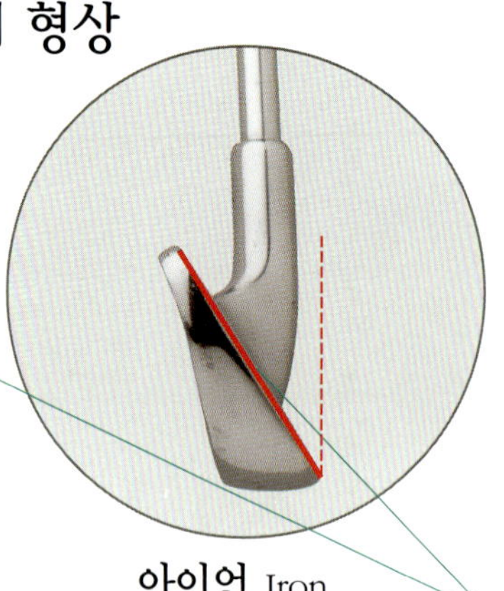

아이언 Iron

목표 지점까지 볼을 날려 보내기 위한 클럽. 아이언은 로프트가 다른 클럽으로 구성되어 있으며, 클럽에 따라 볼의 탄도와 낙하 후 굴러가는 정도가 다르다.

샤프트 Shaft

골프 클럽의 샤프트는 가늘며 잘 휘어지게 만들어져 있는데, 샤프트의 휘는 성질을 이용하여 볼을 멀리 날려 보내는 것이 가능하다. 샤프트의 재질은 스틸 샤프트(사진 위)와 카본 샤프트(사진 아래)로 나눌 수 있으며, 주니어는 스틸 샤프트보다 가벼운 카본 샤프트를 사용하는 것이 적합하다.

로프트 Loft

클럽 페이스의 수직면에서 본 경사진 각도. 이 각도에 따라 볼의 탄도가 달라진다.

헤드 Head

클럽의 끝부분으로 볼을 맞히는 부분의 총칭. 헤드의 형상은 크게 우드와 아이언으로 나눌 수 있다. 볼을 굴리기 위한 용도로 주로 사용하는 클럽인 퍼터의 끝부분도 헤드라고 부르지만, 퍼터의 헤드는 여러 가지 형상이 있기 때문에 여기서는 예외적인 것으로 간주한다.

솔 Sole

클럽 헤드의 바닥 부분. 드라이버뿐만 아니라 아이언, 웨지, 퍼터 등의 바닥 부분도 솔이라고 한다. 예를 들어, 샌드 웨지는 벙커 안의 모래를 쉽게 날려 보낼 수 있도록 솔 부분이 부풀어져 있는데, 부풀려진 부분을 일반적으로 바운스라고 한다.(p.74 참조)

페이스 Face

스윙시 볼이 닿는 부분. 정확한 샷을 구사하기 위해서는 볼을 날려 보내고자 하는 방향과 페이스의 방향이 직각이 되어야 한다. 클럽은 구조적으로 클럽 페이스의 중심 부분에서 볼을 때리게 되면 볼이 보다 멀리 날아가도록 설계되어 있다.

그립 엔드 Grip End

샤프트 끝부분의 고무로 만든 손잡이 전체를 그립이라고 하며, 그립의 끝부분을 그립 엔드라고 한다. 성인용 클럽의 경우는 여러 종류의 그립이 있지만, 주니어용 클럽의 경우는 그립의 종류가 그다지 많지 않다.

처음 골프를 시작하는 어린이에게는 그립 엔드 부분에 '뒤꼭지'가 붙어 있는 그립을 사용하는 것을 권장한다. 단 시합에서는 사용할 수 없다.

쥐는 힘이 약한 어린이의 경우, 골프 클럽을 휘둘렀을 때 클럽이 손에서 쑤욱 빠져 버리기 쉽다. 이러한 어린이에게는 그립 엔드 부분이 튀어나온 그립을 사용하는 것을 권장한다. 공식 경기에서의 사용은 금지되어 있지만, 연습이나 친구들과 라운딩을 할 때 뒤꼭지가 붙어 있는 그립을 사용하는 것은 전혀 문제가 되지 않는다. 그리고 클럽이 손에서 쑤욱 빠지지 않을 정도의 힘으로 그립을 쥘 수 있게 되었을 때, 보통의 그립으로 교체하기 바란다.

뒤꼭지가 붙어 있는 그립으로 교체하는 것이 내키지 않는 사람은, 그립 끝부분의 고무 등을 테이프로 고정하여 사용할 것을 권한다.

클럽의 종류

드라이버 Driver

티 업하여 볼을 멀리 날려 보내고자 할 때 사용하는 클럽. 주니어용 클럽의 경우, 헤드에 "1-3"의 숫자가 적혀 있는 드라이버도 있다.

유틸리티 Utility

드라이버보다 헤드의 크기가 작고, 로프트가 큰 클럽으로 페어웨이 우드라고도 한다. 아이언과 드라이버의 중간적인 특성을 지닌 클럽으로서, 주니어의 경우 드라이버보다 쉽게 다룰 수 있는 페어웨이 우드를 대신 사용하는 것도 하나의 방법이다.

아이언 Iron

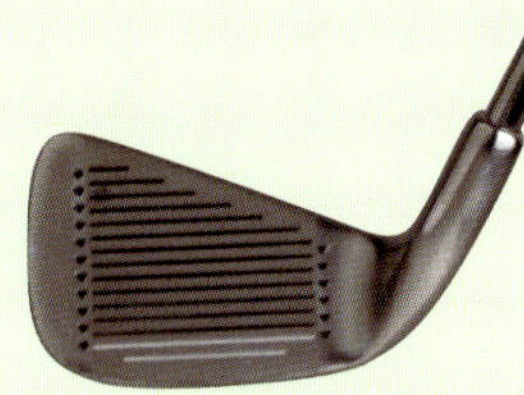

아이언은 볼을 띄우기 위한 클럽으로서 로프트에 따라 볼의 탄도와 비거리가 달라진다. 하나의 아이언만을 사용한다면, 웨지와 유틸리티의 중간 정도인 6번 아이언을 사용하기 바란다.

웨지 Wedge

어프로치나 벙커 샷 등에 사용하는 클럽으로서 아이언보다 클럽 페이스나 로프트가 크기 때문에 손쉽게 볼을 띄울 수 있다. 샤프트가 짧고 헤드가 무겁다.

퍼터 Putter

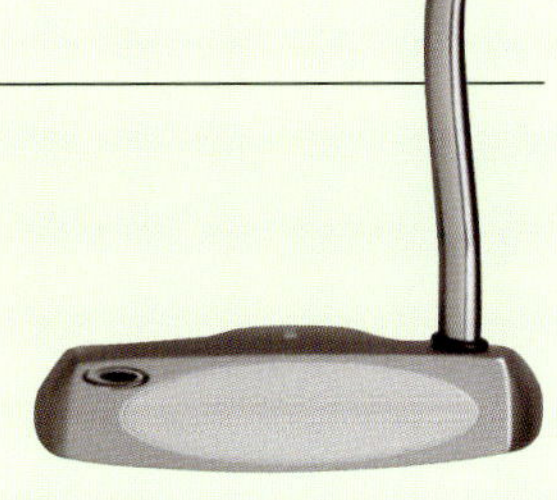

볼을 굴리기 위한 클럽. 약간의 로프트가 붙어 있긴 하지만 거의 수직에 가깝다. 퍼터는 섬세한 터치를 필요로 하기 때문에 보통 샤프트의 길이가 짧다.

클럽의 특성을 익히자

골프 클럽은 모양새가 야구 방망이나 테니스 라켓 등과 많이 다르다. 먼저 클럽의 특성을 익힌 후,
어떻게 볼을 날려 보내는지, 각각의 클럽을 어떤 상황에서 사용하는가에 대해 알아보자.

골프 클럽은 샤프트의 휘는 힘을 이용하기 때문에 야구 방망이를 사용했을 때보다 멀리 볼을 날려 보낼 수 있다.

골프는 야구나 테니스와는 달리, 길고 가느다란 샤프트의 끝부분에서 옆방향으로 툭 튀어나온 헤드 부분을 이용하여 볼을 때리게 된다. 다른 스포츠와 달리 골프의 경우, 작고 딱딱한 볼을 사용하기 때문에 볼이 멀리까지 날아가지만, 무엇보다도 비거리에 영향을 끼치는 것은 샤프트의 휘는 성질이란 것을 이해하기 바란다. 즉 골프는 휜 샤프트의 힘을 이용하여 볼을 멀리까지 날려 보낸다.

왜 골프 클럽에는 여러 가지 형태가 있는가?

드라이버나 스푼과 같이 헤드 뒤쪽이 툭 튀어나온 클럽, 아이언과 웨지처럼 헤드 모양이 날렵한 클럽, 퍼트 등 골프에서는 여러 가지 클럽을 사용한다. "왜 클럽의 형태가 제각각일까?" 그 이유에 대해 초심자인 어린이들에게 정확히 가르치는 것이 중요하다.

라운딩 시에 여러 종류의 클럽이 필요한 이유는 무엇일까?

클럽에 따라 페이스의 로프트가 다르며, 샤프트의 길이도 다르다. 그렇기 때문에 똑같은 폼으로 스윙을 한다 할지라도 사용하는 클럽에 따라 볼의 탄도와 굴러가는 정도가 다르다. 이러한 차이점을 이용하여 비거리를 조정하기 때문에 여러 종류의 클럽이 필요하다는 사실을 가르친다.

로프트의 크기가 커질수록 샤프트의 길이가 짧아진다.

비거리를 내기 위한 클럽일수록 샤프트의 길이가 길며, 비거리가 나지 않는 클럽일수록 샤프트의 길이가 짧다.

그린 근처에서 사용하는 클럽일수록 정확한 비거리를 내는 것이 무엇보다 중요하다. 즉 그린 근처에서는 긴 샤프트의 휘는 힘으로 볼을 멀리 날려 보낼 필요가 없기 때문에 볼을 높게 띄어 올려 볼이 낙하한 후에 많이 굴러가지 않도록 로프트가 큰 클럽을 사용하는데, 로프트가 큰 클럽일수록 샤프트의 길이가 짧다. 그리고 샤프트의 길이가 짧은 만큼 볼과의 거리가 가까워지므로 정확하게 볼을 치는 것이 가능하다. 정확성이 요구되는 퍼팅의 경우, 샤프트의 길이가 가장 짧지만, 최근에는 중척 퍼터 장척퍼터 등 샤프트의 길이가 긴 퍼터도 있다.

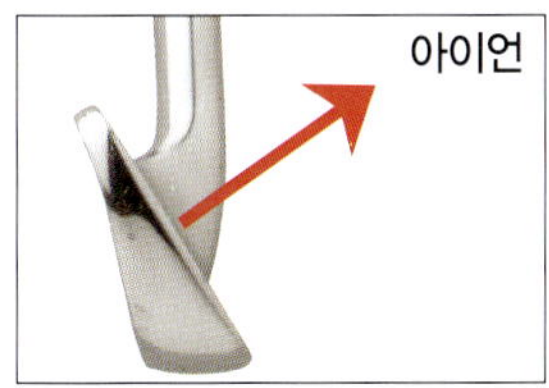

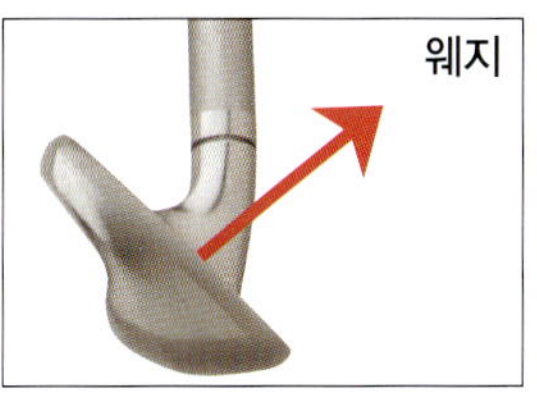

헤드가 크고 샤프트가 가장 긴 클럽. 로프트가 작기 때문에 높은 탄도의 볼보다는 볼을 멀리 날려 보내기 위한 용도의 클럽이다.

우드(드라이버)보다 헤드가 작고 샤프트의 길이도 짧다. 로프트가 같은 아이언보다 비거리가 많이 나며, 볼이 잘 굴러간다.

정확한 비거리를 내기 위한 클럽. 로프트가 커질수록 샤프트가 짧으며 높은 탄도를 낼 수 있지만 그 만큼 볼은 많이 굴러가지 않는다.

아이언보다 로프트와 페이스가 크다. 어프로치나 벙커샷 등 볼을 잘 다룰 수 있도록 만들어져 있다.

퍼터는 로프트에 따라 볼의 굴러가는 정도가 다르다.

퍼터는 그린 위에서 섬세한 터치가 요구되는 아주 중요한 클럽이다. 여러 가지 형태의 퍼터가 있으며, 대부분의 퍼터는 샤프트의 길이가 짧지만, 최근에는 샤프트의 길이가 긴 중척, 장척이라고 불리는 퍼터도 있다. 퍼터는 볼을 굴리는 것이 주된 목적이므로, 퍼터에는 로프트가 붙어 있지 않다고 생각하기 쉽지만, 일반적으로 퍼터에는 2~4도의 로프트가 붙어 있다.

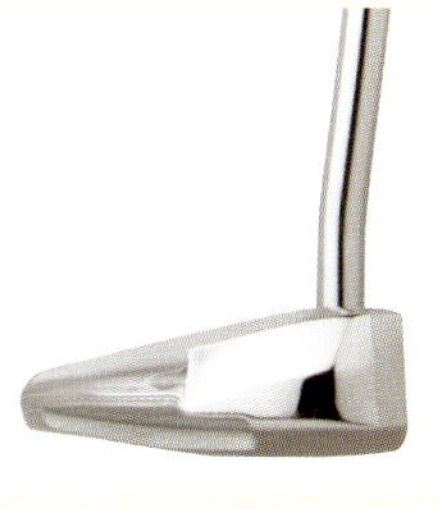

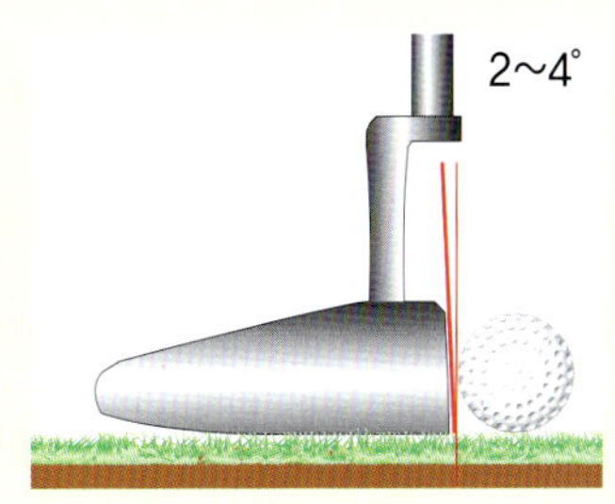

주니어용 골프 클럽 세트

주니어용 세트를 구입할 때 풀 세트를 준비할 필요는 없다.
어린이의 기량이나 키에 따라 최소한의 세트를 준비한다.

어린이의 성장에 맞추어 적합한 클럽을 구입하자.

어린이는 기술적인 면이나 신체적인 면에서 아직 성장 과정에 있다. 보통 골프 클럽을 구입할 때에는 어린이의 키를 기준으로 하면 무난하다. 문제는 어린이의 성장 속도가 대체로 빠르다는 점이다. 예를 들어, 초등학교 1, 2학년 때에 구입한 클럽이 어린이의 키가 커짐에 따라 2, 3년도 제대로 사용하지 못하는 경우가 생긴다. 그러므로 성장하는 어린이에게 일부러 신품 풀 세트를 구입해 주는 것은 그다지 경제적인 선택이라고 할 수 없다.

시판되고 있는 골프 클럽을 살펴보더라도 주니어용의 풀 세트는 좀처럼 찾아 보기가 힘들다. 그리고 대부분의 어린이들이 기술적인 면에서 모든 클럽을 골고루 잘 다룰 수 있을 정도의 기량을 지니고 있다고 보기는 힘들다. 그래서 현재의 키에 비해 클럽의 길이가 조금 긴 클럽을 선택하는 것이 하나의 방법이며, 중고 클럽의 샤프트를 잘라서 어린이용 클럽을 만드는 것도 현명한 방법이다.

그런데 중고 클럽의 종류도 천차 만별이다. 빈번하게 클럽의 길이를 교체하고자 한다면 비교적 저렴한 클럽을 선택하는 것이 좋을 듯싶다. 그리고 어린이는 비교적 근력이 약하기 때문에 여자용의 카본 샤프트처럼 가벼운 샤프트의 클럽을 선택하는 것을 추천한다. 가벼운 샤프트의 클럽은 어린이의 몸에 부담을 적게 주며, 쉽게 휘두를 수 있다는 장점이 있다. 풀 세트를 장만하는 것은 어린이가 어느 정도 성장한 후에 해도 늦지 않다.

■ 연령별 세트 내용

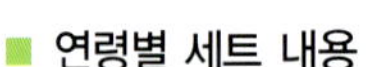

초등학생 이하	●유틸리티 ●웨지 ●퍼터	드라이버 대용으로 비교적 쉽게 다룰 수 있는 유틸리티를 사용하는 것을 추천한다. 처음 골프를 시작할 때는 유틸리티와 웨지, 퍼터 정도의 클럽으로 충분하다.
초등학교 1, 2학년	●드라이버 ●유틸리티 ●웨지 ●퍼터	상기의 유아용 세트에 드라이버를 추가한다. 주니어용의 경우, 드라이버와 스푼의 중간 정도의 로프트를 가진 클럽도 있으므로, 사용해 보기 바란다.
초등학교 3, 4학년	●드라이버 ●유틸리티 ●아이언 1개 ●웨지 ●퍼터	어느 정도 클럽을 다룰 수 있게 되면 아이언의 중간인 6번이나 7번 아이언을 추가한다.
초등학교 5, 6학년	●기량에 맞추어 클럽을 하나씩 추가한다.	기술의 정도나 신체의 성장 정도에 따라 다르지만, 어느 정도 볼을 칠 수 있게 되면 풀 세트가 되기까지 아이언을 하나씩 추가한다.

어린이의 신장을 기준으로 클럽의 길이를 정한다.

어린이의 클럽의 길이는 신장에 맞춘다. 이때 기본은 드라이버의 길이가 겨드랑이 밑부분에 닿을 정도의 길이가 되면 최적이다. 그러나 어린이의 빠른 성장을 고려하면 겨드랑이 밑부분보다 조금 길이를 길게 하여도 좋을 듯싶다. 아이언이나 웨지의 길이는 몇 개의 클럽으로 세트를 구성할 것인가에 따라 달라지므로 골프 숍 등에서 상담한 후에 정하기 바란다. 특히 퍼터의 길이에는 신경을 쓰는 것이 좋다. 왜냐하면 평소에 가장 많이 사용하는 클럽이 퍼터이며, 숙달의 정도도 가장 빠르기 때문이다.

어린이의 신장에 맞춘 클럽의 길이

신장	드라이버	퍼터
90cm	63.5cm	55.88cm
100cm	73.66cm	63.5cm
110cm	83.82cm	71.12cm
120cm	93.98cm	78.74cm

※ 주) 상기 수치를 참고한다. 실제로 클럽의 길이를 교체할 때에는 먼저 골프 숍 등에서 상담하기를 권장한다. 그리고 직접 샤프트의 길이를 조절할 때는 어린이에게 클럽을 지니게 하여 실제로 길이를 잰 다음, 샤프트를 자르기 바란다.

주니어 클럽을 만드는 법

성장이 빠른 어린이의 보조에 맞추어 그때그때 클럽을 신품으로
교체하는 것은 밑도 끝도 없다. 오래된 클럽이나 중고 클럽을
사용하여 직접 클럽을 만드는 것도 하나의 방법이다.

어린이는 성장이 빨라 큰맘 먹고 장만한 클럽이 얼마 못 가서 길이가 짧아져 사용하지 못하게 된다. 그렇다고 처음부터 길고 무거운 클럽을 쥐어주면 어린이가 부상을 입을 위험성이 있다. 또한 어린이의 성장에 따라 그때그때 클럽을 새 것으로 교체하는 것도 경제적으로 큰 부담이 된다. 오래된 클럽이나 중고 숍의 저렴한 클럽을 이용하여 클럽을 개조하는 것도 하나의 방법이다. 주니어용 클럽의 개조 작업은 클럽의 샤프트를 짧게 하여 그립을 붙이는 정도이므로, 골프 숍에 의뢰하더라도 저렴한 가격으로 만들 수 있지만, 자녀를 위해 손수 만드는 것도 하나의 즐거움이 될 것이다.

필요한 도구

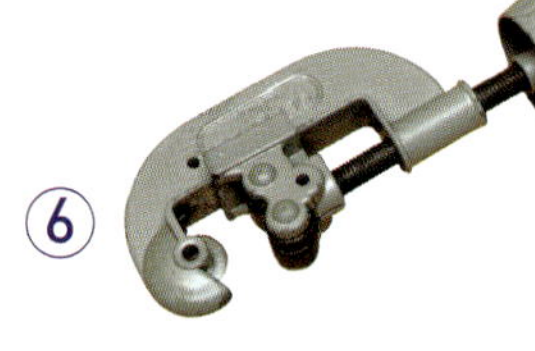

① 신너 등의 유기용제
② 그립용 양면 테이프
③ 주니어용 그립
④ 줄톱
⑤ 그라인더
⑥ 스틸 샤프트를 자를
   경우의 메탈 커터

원포인트 어드바이스

**주니어용 그립의 직경과 대인용 그립의
직경은 크기가 다르다.**

사진의 왼쪽 샤프트가 대인용 샤프트를 자른
단면이다. 대인용 샤프트를 자르면 절단 면의
직경이 점점 작아진다(사진의 오른쪽 샤프트).
그립의 안쪽 직경도 샤프트의 굵기에 맞추어,
주니어용은 작게 만들어져 있다.(사진의 오른쪽에서 두 번째 그립)

주니어용 클럽을 만들 때 주의해야 할 사항이 그립이다. 잘못하여 대인용 그립을 구입하면, 크기가 맞지 않아 사용할 수가 없게 된다. 그리고 샤프트를 너무 짧게 자르면, 절단 면의 바깥쪽 직경이 얇아진다. 주니어용 그립은 종류가 그리 많지 않지만, 그립의 안쪽 직경이 작은 어린이용 그립을 사용한다. 그립의 재질에는 실이 들어 있는 그립도 있지만, 어린이는 손의 피부가 부드럽고 얇기 때문에 실이 들어 있지 않은 그립을 사용하는 것을 추천한다.

일본 골프 학교

오와다 마사히로

작업 순서 (카본 샤프트의 경우)

드라이버나 아이언 등을 어린이용으로 가공할 경우, 스틸 샤프트에 비해 무게가 가벼운 카본 샤프트를 사용한다. 카본 샤프트를 바이스 등을 이용하여 고정할 경우, 그대로 고정을 하면 샤프트에 흠집이 생기므로, 반드시 부드러운 천 등으로 샤프트를 감싼 후 고정한다.

클럽의 토(toe)가 곧바로 위로 향하게 한 후 샤프트를 고정한다. 이때 절단한 부분을 바이스에 고정하지 않도록 주의한다.

솔(sole)에서부터 길이를 재어 절단할 부분을 정한다. 길이는 어린이의 키에 따라 달라지기 때문에 19페이지의 표를 참조한다.

카본 샤프트는 수직으로 찢어지는 특성을 가지고 있기 때문에, 절단할 부분을 테이프로 감싼 후 그 위에 유성 펜 등으로 표시를 해둔다.

표시한 부분을 위에서 보면서 샤프트를 절단한다. 이때 절단 면이 편평하게 되도록 자르는 것이 중요하다. 그리고 손을 다치지 않도록 주의한다.

스틸 샤프트의 경우

웨지나 퍼터 등의 스틸 샤프트를 자를 경우에는 메탈용 커터가 필요하다. 테이프를 붙이지 않은 채, 절단 부분에 직접 표시를 한 후 자른다.

카본 샤프트와 달리 수직으로 찢어지는 성질이 없기 때문에, 샤프트에 직접 표시를 한 후 메탈 커터를 사용하여 샤프트를 자른다.

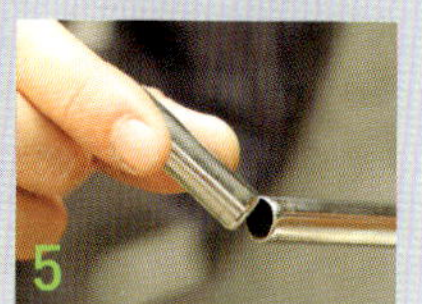

절단한 면이 날카롭기 때문에 손을 다치지 않도록 주의한다. 날카로운 부스러기가 생기는 경우가 있으므로 작업 시 주의한다.

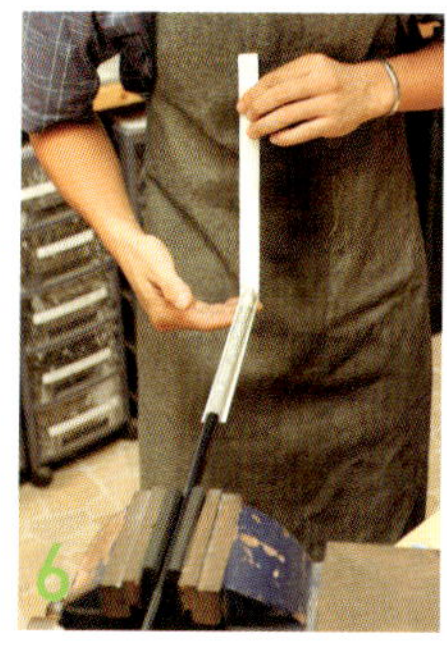

그립의 길이에 맞추어 아래 위로 그립을 감싸는 듯이 양면 테이프를 바른다. 그립보다 테이프의 길이가 길어 튀어나오지 않도록 먼저 길이를 재어 두는 것이 중요하다.

그립이 잘 들어가도록 신너 등의 유기용제를 그립 안에 주입한다. 그립의 안쪽 면에 유기용제가 골고루 묻도록 입구 쪽을 틀어막고 잘 흔든다.

샤프트에 붙인 테이프에도 신너를 발라 잘 미끄러지도록 하는 것이 중요하다. 7에서 사용한 용제를 용기에 다시 옮길 때 샤프트의 테이프에 바르면 된다.

그립의 로고가 정면 위로 오도록 각도를 조절하면서 곧바로 샤프트에 밀어 넣는다. 밀어 넣는 도중에 비틀면 그립 자체가 비틀려 버리기 때문에 세심한 주의가 필요하다.

자녀와 함께 골프 웨어를 고르는 것도
하나의 즐거움이다

최근에는 골프 웨어도 다양해서 선택의 폭이 많이 넓어졌다.
선수용의 세련된 디자인은 물론이거니와 다양한 색깔의 리조트 풍의 주니어 웨어도
많이 등장했다. 웨어 선택도 골프를 즐기는 즐거움의 하나이다.

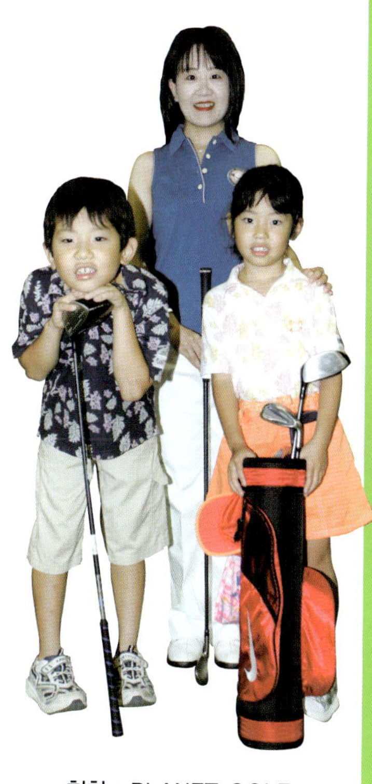

'리조트 감각' 이라면
골프 웨어 선택에서도 즐거움이 배가된다

협찬 : PLANET GOLF

Horihguchi&Co.,Ltd
http:/www/horiguchi-a.co.jp

의외로 저렴한 주니어 골프 비용

"골프는 돈이 많이 드는 스포츠다" "클럽을 장만하는 비용이 만만치 않다"
"자녀에게 골프를 가르칠 여유가 없다" 등등 지금도 이렇게 생각하고 있는 사람이
많이 있지 않을까 생각한다. 그러나 이런 생각은 10년 전의 사고방식이다.
요즘의 주니어 골프 비용은 다른 과외 비용보다 결코 비싸지 않다.

'골프는 비싸다' '돈 많은 부자의 스포츠' 라고 생각하는 사람이 많을 것이다. 10년 전의 상황을 회상해 보면 확실히 그럴지도 모른다.

그러나 '자녀에게 골프를 가르치는 것이 희망 중의 희망' 이던 시절은 돌이켜 보면 과거의 일이다. 수영이나 피아노 등의 다른 과외 비용에 비해 골프 비용이 결코 비싸지 않다. 오히려 골프 비용이 더 저렴할지도 모른다.

'그러나 골프 클럽을 마련하는 데 많은 비용이 들지 않을까…' 등으로 망설인다면 이것도 생각하기 나름이다. 성장기의 자녀에게 적합한 클럽을 때에 맞추어 신품으로 교체한다면 만만치 않은 비용이 들겠지만, 기술적으로나 신체적으로 아직 성장 단계에 있는 자녀에게 풀 세트를 마련해 줄 필요는 없다. 신품의 골프 클럽이 아니더라도 충분히 즐길 수 있는 스포츠가 골프이다.

풀 세트 골프 클럽은 빈번하게 클럽을 교체할 필요가 없는 시기인 초등학교 고학년이나 중학생이 되었을 때 장만하면 충분하므로, 따져보면 다른 스포츠에 비해 비용이 월등하게 많이 들어가지는 않을 것이다. 우선은 자녀와 함께 골프를 즐기겠다고 생각하는 것이 좋다.

제2장

스윙의 기본

Basic Swing

골프는 여러 종류의 클럽을 사용하면서 즐기는 스포츠이므로 처음 골프에 입문하는 사람이라면 무엇보다 먼저 골프 클럽의 특성을 파악하는 것이 중요하다.

클럽의 어느 부분으로 볼을 때릴까? 왜 볼을 때리는 부분이 위로 향하고 있을까? 어떤 연유로 여러 가지 형태의 클럽이 있을까…. 어린이뿐만 아니라 처음 골프에 접하는 사람이라면 누구든지 이러한 점에 대해 의구심을 가질 것이다.

우선 이러한 골프 클럽의 수수께끼를 풀어보는 것이 골프 연습을 하는 데 도움이 될 것이다.

우드 Wood

'우드'라고 불리는 클럽의 툭 튀어나온 뒷부분은 볼을 밀어 날려 보내기 위한 역할을 한다.

아이언 Iron&Wedge

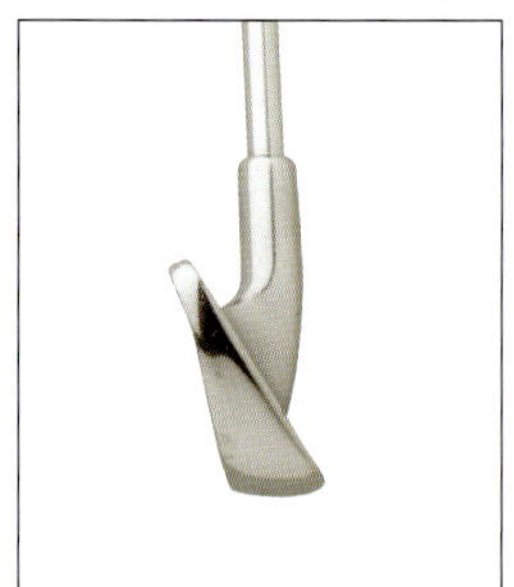

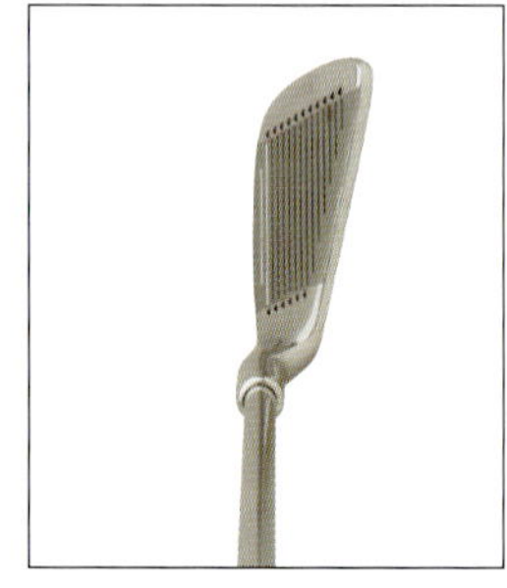

'아이언'과 '웨지'라고 부르며 정확한 거리만큼 볼을 날려 보내기 위한 클럽이다.

퍼터 Putter

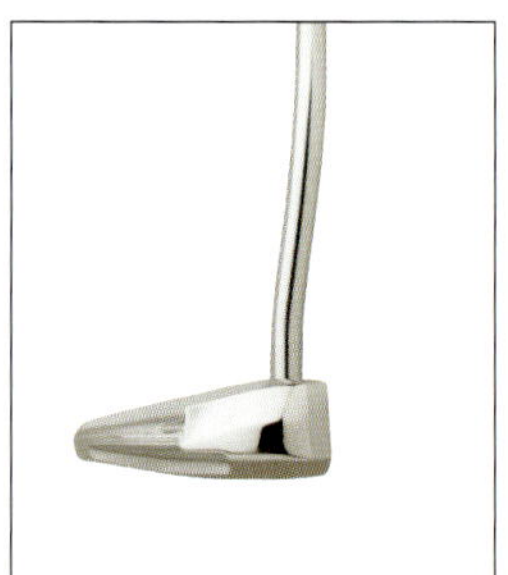

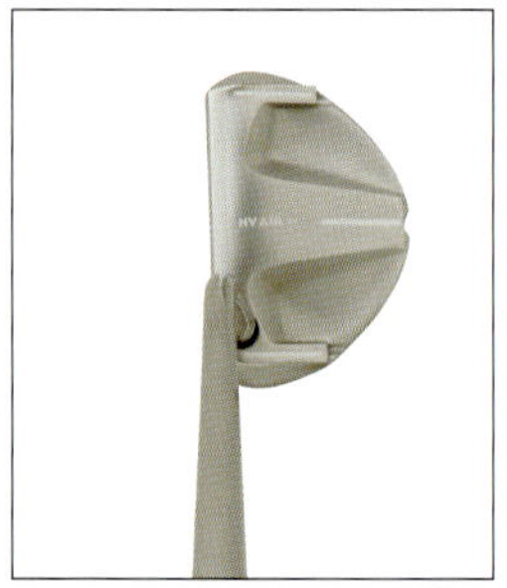

'퍼터'라고 부르며, 볼을 곧바로 굴리기 위하여, 볼에 닿는 면이 지면과 수직에 가깝도록 만들어져 있다.

몸을 무리하게 움직이지 않고 자연스럽게 클럽을 휘두르는 것이 골프의 기본이다.

클럽의 그립 부분을 손가락으로 잡은 후 살랑살랑 흔들어 보자. 이때 여분의 힘을 주지 않는다면, 클럽이 몸 정면을 지나갈 때 볼을 때리는 부분이 일직선이 된다. 이러한 사실은 클럽을 휘두를 때 필요없는 힘을 더하지 않는다면 클럽은 반드시 볼에 대해 정면을 향한다는 것을 의미한다. 즉 오른쪽 사진처럼 클럽의 무게에 몸을 맡긴 채 클럽을 휘두르면 곧바로 볼이 날아가도록 클럽이 만들어져 있다.

골프를 시작함에 있어 클럽의 특성을 이해하는 것이 중요하다.
우선 어린이에게 골프의 기본만을 가르친 후,
어린이 스스로 골프에 관심을 가지도록 하는 것이 무엇보다 필요하다.

수건을 짜듯이 양팔에 힘을 주면서 클럽을 잡는다.

골프의 기본 움직임만 가르치면 OK. 세세한 기술은 가르치지 않는다.

정확하게 볼을 때릴 수 없게 만드는 여분의 힘이란 무엇일까? 그것은 부자연스러운 몸의 움직임이다. 그립을 강하게 잡으면 잡을수록 스윙은 팔 힘의 정도에 따라 좌우된다. 그리고 어드레스 자세가 어긋난 상태에서 스윙을 하면, 어긋난 상태로 클럽이 휘둘러지게 마련이다. 이것을 조정하고자 팔을 사용하면 클럽의 궤도가 일정해지지 않는다.

어드레스 시에 볼의 위치보다 손의 위치가 왼쪽인 '핸드 퍼스트'란 어드레스가 있다. 이 자세는 결코 잘못된 자세가 아니며 경우에 따라서는 필요한 기술이다. 그러나 핸드 퍼스트에 대해 말로만 초심자나 어린이에게 가르치면 이상한 버릇이 생기는 경우가 허다하다.

처음엔 세세한 잔 기술보다 클럽의 구조에 맞는 기본적인 움직임을 익히는 것이 중요하다.

초등학생은 신경계의 성장기. 기술이 아니라 몸으로 감각을 익히게 한다.

안정적인 골프 스윙에 크게 영향을 미치는 것이 신체의 밸런스이다. 안정된 하반신과 부드러운 상반신의 움직임이 동반되어야 안정된 스윙을 구사할 수 있다.

안정된 하반신은 발바닥의 무게 밸런스에 의해 정해지며, 이러한 발바닥 감각은 초등학생 시절에 거의 완성된다. 그리고 몸의 밸런스를 비롯한 운동 신경의 기초가 대부분 초등학생 시절에 발달하므로, 이 시기에는 기술적인 면보다 감각계의 훈련에 중점을 둔 연습을 하기 바란다.

그러므로 장래 골프를 잘 치려면 골프 이외의 다른 스포츠에도 많이 접하게 하여 어린 시절에 다양한 운동 신경을 발달시키는 것이 중요하다.

불안정한 디스크 위에서 밸런스를 잡는 연습. 발바닥의 무게 감각을 익힘으로써 몸의 밸런스가 좋아진다.

클럽을 반대로 잡고 스윙을 하면, 클럽의 자연스러운 움직임을 감각적으로 익힐 수 있다.

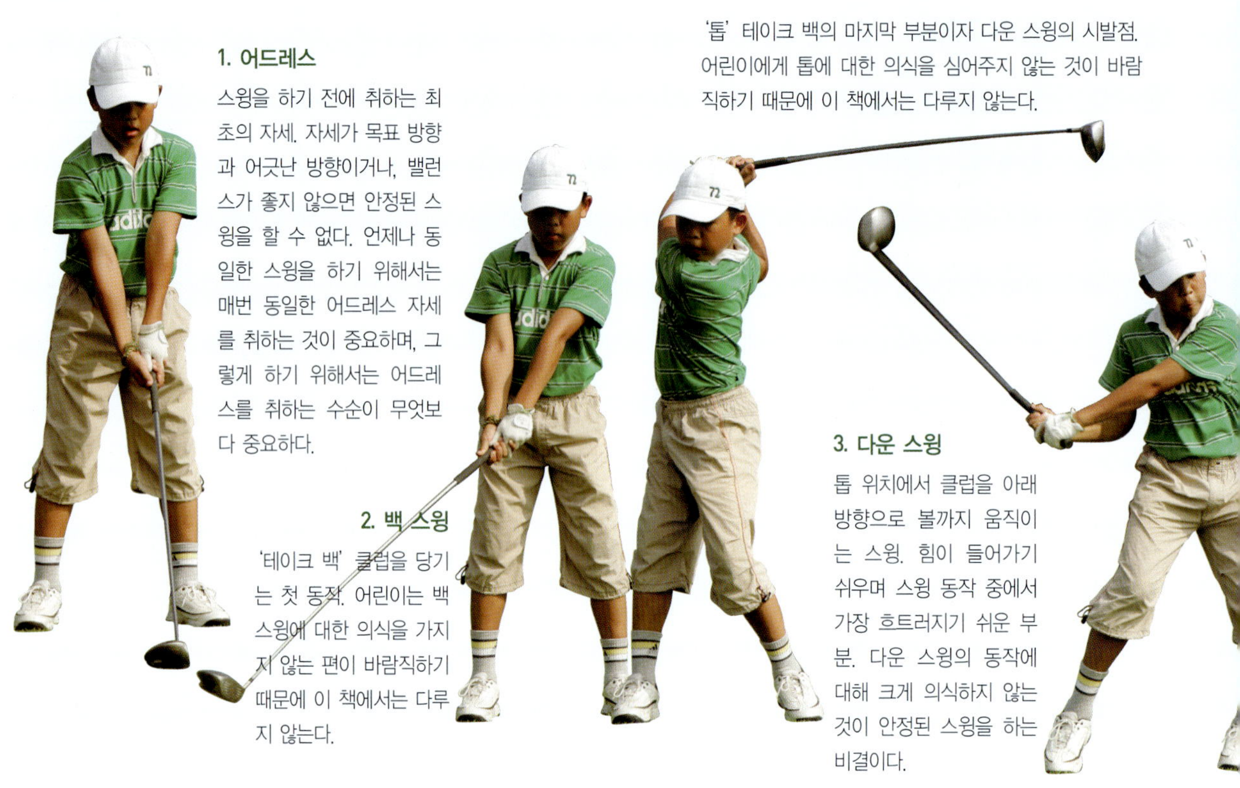

1. 어드레스

스윙을 하기 전에 취하는 최초의 자세. 자세가 목표 방향과 어긋난 방향이거나, 밸런스가 좋지 않으면 안정된 스윙을 할 수 없다. 언제나 동일한 스윙을 하기 위해서는 매번 동일한 어드레스 자세를 취하는 것이 중요하며, 그렇게 하기 위해서는 어드레스를 취하는 수순이 무엇보다 중요하다.

2. 백 스윙

'테이크 백' 클럽을 당기는 첫 동작. 어린이는 백 스윙에 대한 의식을 가지지 않는 편이 바람직하기 때문에 이 책에서는 다루지 않는다.

'톱' 테이크 백의 마지막 부분이자 다운 스윙의 시발점. 어린이에게 톱에 대한 의식을 심어주지 않는 것이 바람직하기 때문에 이 책에서는 다루지 않는다.

3. 다운 스윙

톱 위치에서 클럽을 아래 방향으로 볼까지 움직이는 스윙. 힘이 들어가기 쉬우며 스윙 동작 중에서 가장 흐트러지기 쉬운 부분. 다운 스윙의 동작에 대해 크게 의식하지 않는 것이 안정된 스윙을 하는 비결이다.

지나치게 가르치지 않는 것도 어린이에게는 중요하다.

1 어드레스

2 백 스윙

3 다운 스윙

4 폴로 스루

골프를 시작하는 어린이에게 처음부터 일러두지 않으면 안되는 사항들이 더러 있다. 이러한 연유로 특히 스윙에 관하여 이것 저것 가르치기 쉽다. 그러나 이러한 지도가 오히려 어린이의 기량 발전을 방해하는 경우가 있다. 아무리 어린이라고 할지라도 지도를 받으면 의식을 가지게 마련이다. 일련의 동작에 대해 상세하게 설명을 하면, 그러한 세세한 부분에 의식이 집중되기 쉬우며, 결과적으로 자연스러운 움직임이 불가능하다.

어드레스, 백 스윙, 다운 스윙, 폴로 스루의 4동작을 확실하게 구사할 수 있다면 안정된 스윙을 구사할 수 있다.

안정된 스윙이란, 언제나 똑같은 스윙이 가능한 것을 말하며, 의식적으로 볼을 때리러 가는 동작이나 볼을 똑바로 맞히려는 의식을 필요로 하지 않는다. 오히려 이러한 사항에 대해 의식을 하면 할수록 자연스러운 스윙 동작을 할 수 없게 되며, 몸에 힘이 들어가는 원인이 된다. 특히 초심자나 어린이에게 스윙을 가르칠 때에는 이러한 점에 유의하는 것이 좋다.

어린이에게 스윙의 각 부분에 대한 명칭을 설명할 필요가 있다.
어린이들도 가르치면 의식하기 시작하므로 처음 단계에서는 가르치는 용어를
최소한으로 한정하는 것이 중요하다.

'임팩트' '임팩트 존' 볼을 때리는 순간과 때린 순간의 전후. 단순히 클럽의 통과점으로 이해한다.

4. 폴로 스루

볼을 때린 후 피니시까지의 부분. 볼을 때리는 것보다 확실하게 스윙을 하는 것에 중점을 둔다.

스윙의 마지막. 클럽을 정지시키는 위치를 익히는 것이 중요하다. 풀 스윙의 경우는 사진과 같은 폼이 되지만, 하프 스윙처럼 사진과 같지 않은 자세를 피니시라고 부르기도 한다.

흔히 볼 수 있는 *어른들의 NG*

'테이크 백은 곧바로, 톱의 위치는 여기'

연습장에서 자주 접하는 광경이 테이크 백의 방법, 톱의 위치, 임팩트의 자세 등을 설명하는 모습이다. 그러나 스윙은 일련의 동작이다. 그 동작의 한 장면, 한 장면을 잘라서 가르치면 어른들조차 한 동작 한 동작을 연결하는 것이 어렵다. 그러므로 처음 단계에서는 스윙의 세세한 부분에 대해 가르치지 않는 것이 오히려 좋은 방법일 수도 있다. 스윙이란 볼을 때리러 가는 것이 아니라, 동작 중에 놓여 있는 볼에 클럽이 닿는다, 라는 감각을 익히게 한다.

어드레스를 익히기 전에

스윙의 제1단계인 어드레스를 취하기 전에 '클럽의 어느 부분에 볼을 맞히는가?' '곧바로 볼을 치기 위해서는 페이스가 어느 방향으로 향해야 하는가?' 등의 질문을 던져 어린이가 기본적인 부분을 이해하고 있는지 확인하자.

헤드의 무게를 손바닥으로 느끼게 하기 위하여 우선 가슴 앞에서 클럽을 역으로 잡게 한 후에, 보통 때처럼 클럽을 잡는 연습을 시킨다.

클럽의 어느 부분에 볼이 닿는가? 라고 질문을 던져, 어린이 스스로 손으로 헤드의 닿는 부분을 가르키게 한다.

곧바로 볼을 날려 보내기 위해서는 클럽 페이스를 어느 방향으로 향하게 해야 하는지에 대해 질문을 던진다.

페이스의 방향과 볼의 비구 방향을 익힌다.

몸 정면에서 클럽 페이스의 방향을 이리저리 바꿔가면서 볼의 비구 방향에 대해 질문을 한다. 그리고 질문에 대한 답변을 어린이 스스로 생각하게 하여 올바른 클럽 페이스의 방향에 대해 감각적으로 익히게 한다. 나중에 소개하겠지만, 어린이가 어느 정도 볼을 맞힐 수 있는 실력을 쌓게 되면, 자신도 모르는 사이에 클럽 페이스를 덮게 된다. 이것은 골프 클럽의 형태에 기인한 착각에서 비롯되는데, 처음부터 어린이에게 올바른 클럽 페이스의 방향을 익히게 하는 것이 중요하다.

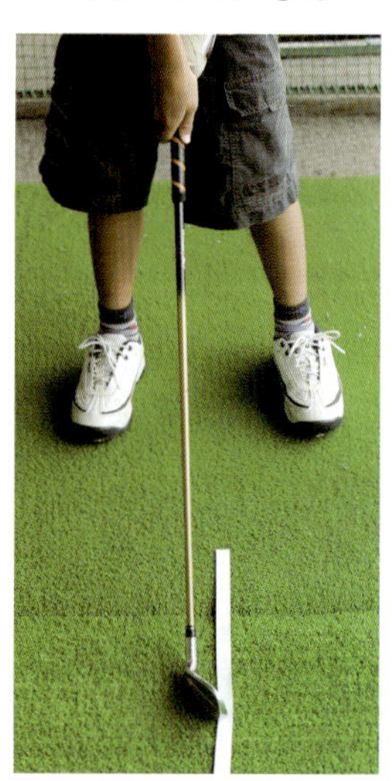

올바른 페이스의 상태   페이스가 열린 상태   페이스가 닫힌 상태

이 상태에서 제각각 볼이 어느 방향으로 날아가는지에 대해 질문을 한다. 어린이 스스로 페이스를 보면서 볼의 비구 방향에 대한 답변을 함으로써 올바른 페이스의 형태가 머릿속에 각인된다.

클럽의 어느 부분으로 볼을 맞히는가에 대해 확인을 시킨 후,
실제로 볼을 치게 한다. 확인 작업은 질문 형식으로
반드시 어린이 스스로 답변을 하게 한다.

세세한 설명을 하기보다 우선 볼을 치게 한다.

볼을 잘 맞히고 못 맞히고에 대해 연연해하지 말고, 우선 어린이에게 볼을 치게 한다. 볼을 치기 전부터 이리저리 설명을 많이 하면 어린이는 흥미를 잃어버리기 십상이다. 어린이 스스로 지금부터 자신이 하려고 하는 것이 어떤 것인가에 대해 직접 체험하게 하는 것이 중요하다. 처음부터 잘 칠 수 없다는 사실을 느끼게 만들어 '그럼 볼을 잘 치기 위해서는…' 라는 목표 의식을 가지고 연습에 임하도록 하면 어린이 스스로도 납득하게 될 것이다.

양손에 클럽을 하나씩 잡은 후 서로 부딪히지 않도록 흔들어 본다.

팔에 힘이 들어가지 않도록 하기 위한 연습법이다. 단순히 클럽을 흔들어 보게 해서 팔에 힘이 들어가 있다는 사실을 지적해 주면 어린이는 쉽게 실감하지 못한다. 그러므로 다음과 같은 동작으로 어린이 스스로 확인을 하게 하자.

양손에 클럽을 하나씩 잡고 좌우로 흔들어 본다. 이때 클럽이 평행 상태이면 OK. 팔의 힘으로 클럽을 평행 상태로 유지하려고 하면 역으로 밸런스가 흐트러져 2개의 클럽이 부딪히게 된다. 클럽의 주기를 일정하게 하기 위해서 길이가 비슷한 2개의 클럽으로 연습을 한다.

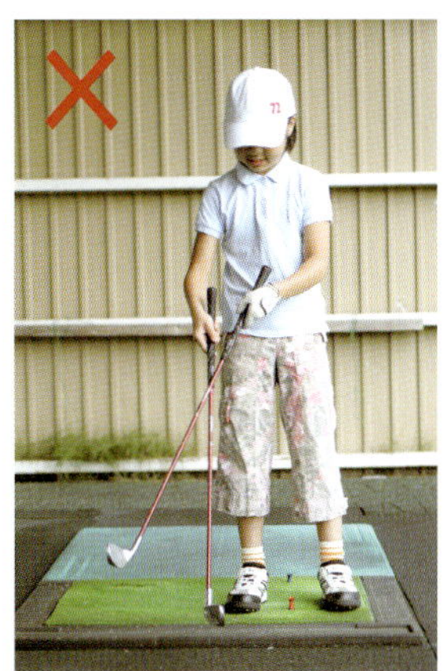

팔의 힘으로 클럽을 흔들면 좀처럼 평행 상태를 유지하기 힘들다. 어깨 힘을 뺀 상태에서 연습한다.

'볼을 잘 보라'

초심자나 어린이가 볼을 잘 맞히지 못할 때 "볼에서 시선을 떼지 말고 잘 보라"고 말하는 사람을 자주 본다. 그러나 이것은 잘못된 것이다. 사물을 잘 보려고 하면 자연히 눈을 사물 쪽으로 가져가는 것이 사람의 특성이다. 그런 상태에서 볼을 치면 상체가 앞으로 나오게 되어 더더욱 볼을 맞힐 수 없게 된다.

균형 잡힌 자세를 익히자

골프에서 가장 중요한 사항은 안정된 스윙을 구사하는 것인데, 그렇게 하기 위해서는 안정된 하반신과 여분의 힘이 들어가지 않은 부드러운 상반신의 움직임이 필요하다.

안정된 하반신이란, 체중이 양발바닥에 균형 있게 잘 분포되어 있어 외부에서 다소 힘이 가해지더라도 몸의 밸런스를 잘 유지할 수 있는 자세를 말한다. 즉 스윙 동작 중에는 클럽을 잡은 상반신이 움직이는데, 이 상반신을 잘 받혀줄 수 있는 안정된 자세가 필요하다. 우선 올바른 자세를 몸으로 익힌다.

양발을 어깨 너비 정도로 벌린 상태에서 점프를 한다. 착지한 직후의 자세가 가장 안정된 자세이다. 물론 착지 후에 균형을 잡지 못한 경우는 제외한다. 이 자세를 언제나 유지할 수 있도록 연습한다.

발바닥에 균등하게 체중이 실린 균형 잡힌 자세를 어린 시절부터 몸으로 익히는 것이 무엇보다 중요하다. 모든 스포츠 분야에서 통용되는 이러한 밸런스 감각은 초등학교 시절에 완성된다.

제자리에서 점프를 한다

어깨 너비 정도로 발을 벌린 자세를 취한 후, 그 상태에서 점프를 한다.

스탠스를 어깨 너비 정도로 유지한 채 발가락부터 착지한다.

착지 후의 자세가 가장 안정된 중심 밸런스이다. 이 자세를 몸으로 익힌다.

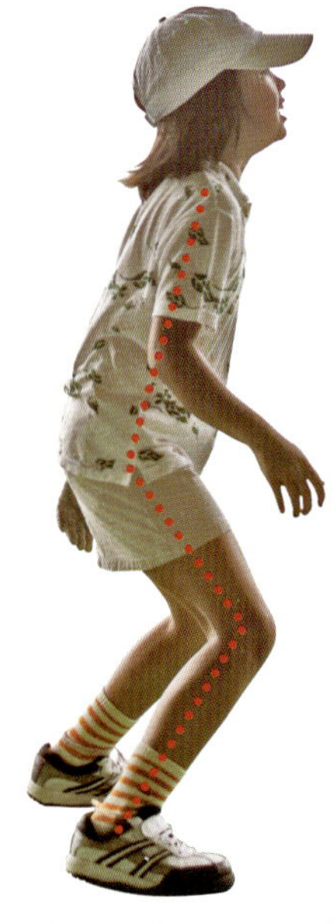

착지 후의 자세는 누구든지 밸런스를 유지하기 위하여, 등을 곧바로 펴며, 가볍게 상체를 앞으로 굽히고, 무릎을 조금 굽힌 상태를 취한다.

균형 잡힌 자세를 익히는 것은 자신의 중심을 조절하는 것이다.
이 능력은 어린 시절에 완성되기 때문에
확실하게 몸으로 익혀두자.

무거운 물건을 손으로 잡고 흔들어 본다.

조금 무거운 가방을 손으로 잡고 좌우로 흔들어 본다. 근육 운동을 하기 위한 것이 아니기 때문에 아주 무거운 가방일 필요는 없다. 우선 양발을 어깨 너비 정도로 벌리고 양손가락으로 가방을 잡는다. 여기서 너무 힘껏 잡으면 팔에 힘이 들어가 좌우의 움직임이 어색하게 된다.

좌우로 흔들었을 때 몸이 흔들리지 않는 상태가 가장 안정된 자세이며, 이 자세는 점프 착지 후의 자세와 동일하다.

팔의 힘을 사용하여 무리하게 흔들거나 들어올리지 않는다.

⭕ 좋은 예

확실하게 안정된 자세. 점프 착지 후와 동일한 자세로 되어 있다는 것을 알 것이다. 이 자세를 취할 수 있으면 전후좌우로 휘청거림 없이 무거운 물건을 들고 있을 것이다. 물건을 힘껏 잡지 않으면서 손가락을 걸치는 정도로 잡는 것이 중요하다.

❌ 나쁜 예

꽉 움켜쥐는 것은 금물. 손가락에 걸치는 정도로 팔의 힘을 뺀 상태에서 몸을 사용하여 균형을 잡는다.

몸을 뒤로 젖히는 것도 NG. 만약 지나치게 무거우면 가벼운 것으로 대체한다.

그립의 기본

골프에서 가장 중요한 부분이 그립이라고 해도 과언이 아니다. 그립은 잡는 법에 따라 힘이 많이 들어가거나, 손에서 클럽이 쑤욱 빠져 버리기도 한다. 그러나 성장기의 어린이에게 그립에 대하여 세세하게 지도하는 것은 오히려 역효과를 내기 쉬우므로, 처음 골프를 접하는 어린이에게는 잡기 쉬운 대로 하는 것이 무난하다. 도저히 그립을 잡는 것이 잘 안 될 경우에는 기본적인 사항만을 가르친다.

처음부터 그립을 잡는 법보다는 손의 감촉을 익히게 한다. 헤드의 무게나 페이스의 방향을 바꾸었을 때의 감촉 등 감각적인 부분을 먼저 익히는 것이 중요하다.

기본적인 그립의 종류

오버 래핑

왼손의 검지를 오른손의 새끼 손가락으로 감싸듯이 잡는 가장 전통적인 그립.

인터로킹

왼손의 검지와 오른손의 새끼 손가락이 엇갈리게 걸치듯이 잡는 그립. 손이 작은 어린이에게 적합한 그립이다.

베이스볼

말 그대로, 야구 방망이를 휘두를 때처럼 잡는 그립.

클럽을 가슴 앞으로 들어 올려 클럽 페이스가 목표 방향을 향하도록 그립을 잡는다.

클럽을 잡았을 때 우선적으로 확인해야 할 사항은 클럽 페이스의 방향이다. 즉 그립을 잡을 때 클럽 페이스가 정확하게 목표 방향을 향하고 있는지 확인한다. 그러나 클럽 페이스를 지면에 댄 상태에서 목표 방향을 조절하는 방법은, 클럽의 로프트나 페이스의 형태에 의해 잘못된 방향으로 조준을 하는 미스를 범하기 쉬우므로 그다지 추천할 만한 방법이라고 할 수 없다.

그러므로 그립을 잡을 때, 클럽 헤드를 가슴 앞으로 들어 올린 후 클럽 페이스의 방향을 확인하기 바란다. 이 방법의 장점은 클럽 페이스가 열렸는지 닫혔는지에 대해 눈뿐만 아니라 손바닥으로 느끼는 것이 가능하다는 점이다.

"수건을 짜듯이 그립을 안쪽으로 죄어라" 라고 지도하는 사람이 있다. 그러나 이런 방법으로 그립을 잡으면 팔에 여분의 힘이 들어가게 되어, 여유 있는 스윙을 구사할 수가 없다.

클럽과 몸이 유일하게 접촉하는 부분이 그립이다.
손이 작은 어린이에게 그립 잡는 법에 대해 세세한 지도를 하기보다는,
잡기 편한 자세로 그립을 잡도록 가르치자.

그립에 색깔이 다른 컬러 테이프를 발라 엄지의 위치를 확인한다.

그립을 잡는 방법에 관계없이 그립의 중심선을 기준으로 2색 테이프를 바른 후, 그립을 잡았을 때 엄지의 위치를 확인한다. 우선 왼손 엄지가 중심선보다 우측 테이프 쪽에 위치하도록 잡은 후, 왼손과 대칭이 되도록 오른손 엄지를 중심선보다 조금 왼쪽에 둔다. 이 위치가 가장 자연스럽게 클럽을 잡기 위한 엄지의 위치란 점을 감각적으로 익혀둔다.

오른손잡이의 경우, 사진과 같이 빨간 테이프 위에 왼손 엄지가 오도록 잡는다.

오른손 엄지를 노란색 테이프 위에 둔다. 그립을 잡는 방법에 관계없이 이 엄지의 위치가 그립을 잡는 기준 위치이다.

그립은 꽉 쥐지 않는 것이 기본이다. 여러 가지 물건을 이용하여 그립을 부드럽게 쥔 상태의 감각을 익히자.

그립을 잡을 때 무엇보다 중요한 사항은 그립을 너무 강하게 쥐지 않는다는 것이다. 꽉 쥐어버리면 팔에 힘이 들어가 자연스러운 스윙을 구사할 수 없다. 그러나 너무 느슨하게 쥐면 반대로 클럽이 손에서 쑤욱 빠져버릴 듯한 불안정한 상태가 된다.

탁구공이나 빈 페트병을 이용하여 가볍게 그립을 잡는 느낌을 익히도록 하자. 이때 그립이 너무 약해 손에서 쑤욱 빠져버리지 않도록 주의하자.

페트병의 경우, 너무 강하게 쥐면 찌그러져 버린다. 페트병 안에 물을 조금 넣어, 스윙할 때의 타이밍을 잡는 연습을 한다.

탁구공의 경우, 너무 그립이 약하면 손가락 사이로 공이 빠져버린다.

그립의 여유를 익히자

골프 클럽은 자연스럽게 휘둘렀을 때, 몸 정면에서 클럽 페이스가 일직선이 되도록 만들어져 있다. 그러나 너무 힘껏 그립을 잡으면 팔에 여분의 힘이 들어가게 되며, 결과적으로 팔 힘으로 클럽을 휘두르게 된다. 그 결과 클럽 페이스의 방향을 컨트롤하는 것이 쉽지 않으며, 미스 샷을 범하는 원인이 된다.

클럽의 특성을 충분히 활용하면서 관성의 힘을 이용하여 페이스의 방향을 원 위치로 되돌리기 위해서는 느슨하게 그립을 잡을 필요가 있다. 손에서 클럽이 빠지지 않을 정도의 여유 있는 힘으로 그립을 잡는 감각을 익히자.

그러나 단순히 '여유'라고 하지만 좀처럼 몸으로 느끼기 힘들다. 강하게 쥐지 않으면서 그립에 손가락을 걸치는 감각을 익히는 것이 중요하다.

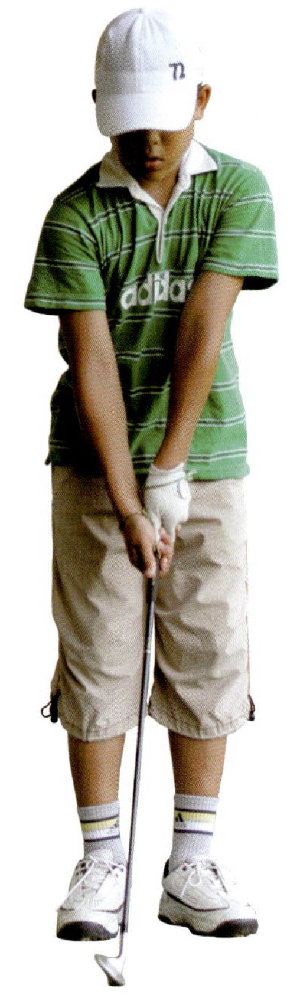

철사로 만든 옷걸이를 이용하여 손가락을 걸치는 감각을 익히자.

철사로 만든 옷걸이 위에 양손의 엄지를 얹고 가볍게 쥔다. 이때, 엄지에 힘을 넣지 않은 채 옷걸이의 밑부분에 걸쳐 있는 손가락(약지와 중지)을 가볍게 몸쪽으로 당기면, 철사의 탄성에 의해 손쪽으로 당겨지는 듯한 느낌이 들 것이다. 결코 강하게 쥐고 있는 것은 아니나, 손끝과 옷걸이와의 일체감을 느낄 수 있을 것이다. 이 감각이 '그립에 손가락을 가볍게 걸친다'는 감각이다. 팔에 힘을 주지 않은 채로 가볍게 쥔 감각을 어린이 스스로 느끼게 하자.

엄지에 힘을 넣지 않은 상태에서 밑에 있는 손가락(약지와 중지)을 옷걸이에 걸치듯이 그립을 잡으면, 팔에 힘이 들어가지 않는다는 것을 느낄 수 있으며, 클럽 헤드의 원심력을 이용한 스윙이 가능하다.

체크 포인트
● 손가락을 걸치는 감각을 익혔는가
● 팔에 너무 힘이 들어가지 않았는가

약하게 그립을 잡는 것에 대해 불안한 사람은 자를 이용하여 그립의 강도를 확인해 보자.

이상적인 그립에 대해 이해는 했지만 그립을 단단히 잡지 않으면 무거운 클럽을 휘둘렀을 때 손에서 빠져버리지나 않을까? 하는 불안은 아직 해소되지 않았을지 모른다.

그럴 경우 자를 이용하여 그립의 강약을 확인시키는 것도 하나의 방

법이다. 엄지를 자 위에 놓지 않은 상태에서 옷걸이 때와 같은 요령으로 자 밑에 가볍게 손가락을 걸쳐 둔다. 이 상태에서 자를 당겨보면 자가 간단히 손에서 빠지지 않는다는 사실을 확인할 수 있다.

다음은 자 위에 엄지를 얹은 채로 엄지의 힘으로 자를 지탱하도록 한다. 그러면 팔 전체에 힘이 들어가 있다는 사실을 쉽게 느낄 수 있다.

즉 자를 이용한 간단한 방법으로 그립을 잡을 때, 팔에 힘을 넣지 않은 상태에서 가볍게 손가락을 그립에 걸치는 것만으로 충분히 클럽을 잡을 수 있다는 사실을 확인할 수 있다.

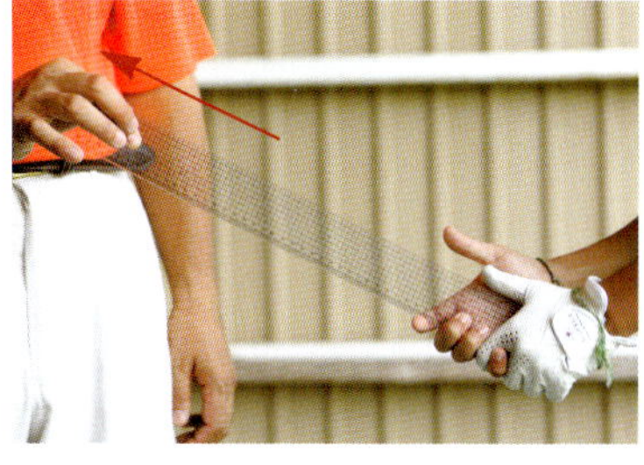

엄지를 떼고 가볍게 쥔 상태에서도 자는 간단히 손에서 빠지지 않는다.

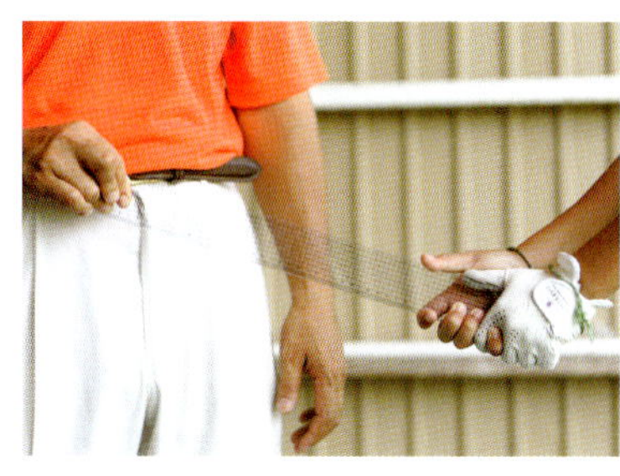

자 위에 놓인 엄지로 자를 누르면 팔 전체에 힘이 들어간다는 것을 느낄 수 있다.

나무 막대기를 이용한 스윙을 통해 그립을 확인하자.

나무 막대기 윗부분에 테이프를 붙이고 그 위에 엄지를 둔다. 약지와 중지를 나무 막대기에 걸치는 정도의 힘으로 막대기를 잡은 후 스윙

을 한다. 나무 막대기는 몸 정면에서 횡 하는 소리와 함께 통과할 것이다. 나무 막대기는 소리가 나는 부분에서 가장 큰 공기의 저항을 받는다. 즉 이 사실은 몸 정면에서 헤드 스피드가 가장 빨라진다는 것

을 의미한다. 다음으로 엄지에 힘을 넣은 채 스윙을 해보면 소리가 나는 장소가 달라져 있을 것이다. 즉 그립을 잡는 법에 따라 헤드 스피드가 달라진다.

페이스의 방향을 익히자

어린이뿐만 아니라 어른들도 주의해야 할 사항이, 어드레스 때 페이스의 방향이다. 클럽 페이스가 목표 방향을 향하고 있지 않다면 볼은 절대로 목표 방향으로 날아가지 않는다.

테니스 라켓이나 야구 방망이처럼 손과 일직선 상태인 샤프트의 끝부분에서 볼을 친다면 아무런 문제가 없을 것이다. 그러나 골프의 경우, 샤프트에서 옆으로 툭 튀어나온 페이스를 이용하여 볼을 때리지 않으면 안된다. 그리고 클럽 페이스에는 각도(로프트)란 애물 단지가 붙어 있다.

먼저 페이스가 일직선이 되는 감각을 익힌 후, 클럽에 로프트가 왜 붙어 있는가에 대해 이해하자.

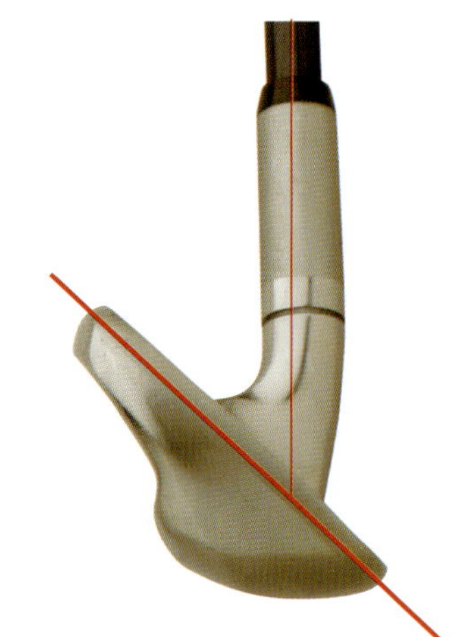

좋은 예 ○

볼의 위치와 손의 위치가 일직선이다. 클럽의 형태 때문에 볼이 오른쪽으로 날아갈 것 같은 느낌이 들겠지만, 이 상태가 올바른 상태란 것을 머릿속에 넣어두는 것이 중요하다.

볼이 보이는 모양

페이스가 열려 있는 듯이 보이는 것은 착각. 클럽의 형태에 속지 않도록 한다.

나쁜 예 ✕

볼보다 손이 앞으로 나온 이른바 '핸드 퍼스트'의 자세이다. 외관상으론 볼이 곧바로 날아갈 듯이 보이지만, 지나치면 페이스가 서게 되어 로프트를 죽이는 결과를 초래한다.

볼이 보이는 모양

목표 방향에 대해 페이스가 곧바로 향하고 있는 듯이 보인다.

골프 클럽의 형태로 인한 착각 때문에 어드레스를 취할 때
어른들도 자주 미스를 범하게 된다. 어릴 때부터 감각적으로
바른 어드레스를 익혀두는 것이 중요하다.

눈을 감은 채 페이스의 방향을 확인한다.

골프 클럽은 헤드의 모양새 때문에, 설사 눈으로 페이스의 정확한 방향을 확인하였다고 자신할지라도 무심결에 착각하기 쉽다. 그러므로 손의 감각으로 페이스의 정확한 방향을 익혀두는 것이 좋은 방법이다.

먼저 눈가리개로 어린이의 눈을 감싼 다음에 클럽을 잡게 한다. 그 상태에서 아래 위로 클럽을 흔들어 페이스의 방향이 어느 쪽인지에 대해 질문을 던진 후 답변을 끌어낸다. 그 다음에 눈가리개를 풀고 어린이에게 직접 눈으로 페이스의 방향을 확인하게 한다. 이 연습을 반복함으로써 시신경이 성장 단계인 어린이의 경우 어른들보다 훨씬 빨리 이 감각을 몸으로 익힐 수 있다.

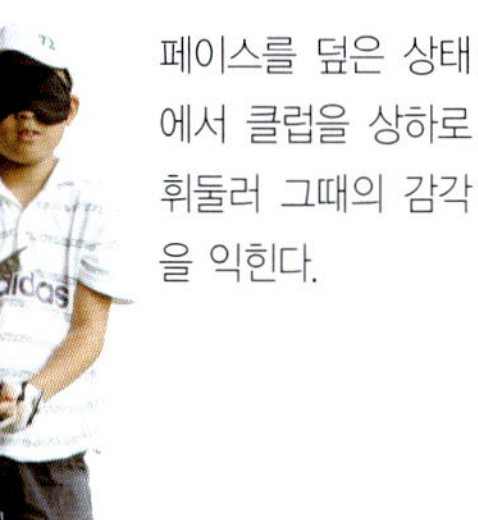

페이스를 덮은 상태에서 클럽을 상하로 휘둘러 그때의 감각을 익힌다.

페이스를 연 상태에서 클럽을 상하로 휘둘러 그때의 감각을 익힌다. 익숙해지면 클럽을 상하로 휘두르지 않더라도 페이스의 방향에 대한 감각이 생긴다.

골프 클럽은 왜 페이스가 비스듬히 되어 있는가.

골프 클럽은 페이스의 각도(로프트)를 이용하여 볼의 탄도와 거리를 조절하므로, 클럽에 왜 로프트가 붙어 있는가에 대해 잘 이해하고 넘어가는 것이 중요하다. 초등학교 고학년이라면 설명만으로 이해가 될지 모르겠지만, 저학년의 경우는 테니스나 배드민턴의 라켓을 이용하여 로프트에 대해 설명하면 훨씬 이해하기 쉬울 것이다. 라켓 페이스의 각도를 변화시켰을 때 볼의 탄도와 거리가 어떻게 달라지는가를 실제로 확인해 보자.

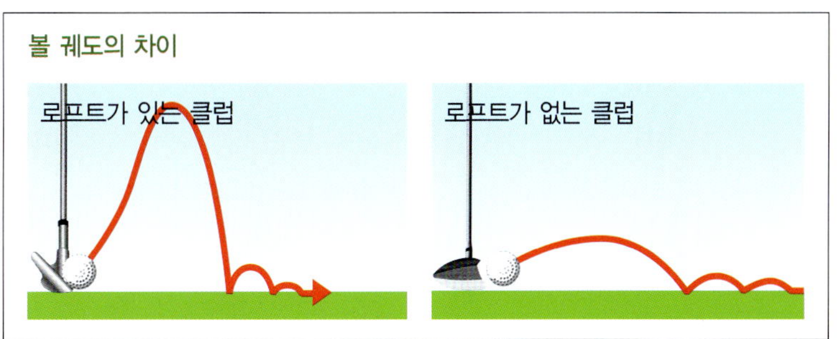

1

볼 후방에서 목표 방향으로 클럽을 들어 방향을 확인한다.

2

타석에서 클럽을 들어 올려 페이스의 방향을 확인한다. 필요에 따라 눈을 감은 채로 손의 감각만으로 페이스의 방향을 확인하는 것도 좋은 방법이다. 그 자세에서 가볍게 무릎을 굽혀 안정된 자세를 취한다.

어드레스에서 무엇보다 중요한 것은, 안정된 스윙으로 볼을 치기 위하여 언제나 같은 자세를 취하는 것이다. 물론 클럽에 따라 샤프트의 길이가 다르기 때문에 볼과의 거리가 달라지지만, 몸 중심의 위치는 전후좌우로 달라지지 않는다. 항상 몸 중심이 안정된 자세를 취하기 위해서는(p.32 참조) 어드레스를 볼에 맞추어서는 안된다. 반대로 먼저 자신의 자세를 가다듬은 후, 그 자세를 흐트러뜨리지 않은 상태에서 볼 쪽으로 몸을 이동하는 버릇을 길러야 한다.

흔히 볼 수 있는 *어른들의 NG*

'왼발 뒤꿈치의 연장선 상에 볼을 둔다'

어드레스를 취한 후 볼의 위치가 왼발 뒤꿈치와 일직선이 되는 경우가 있다. 그러나 이유를 설명하지 않은 채, 이것만을 가르치면 먼저 클럽 헤드를 볼에 맞힌 후, 그 상태에서 발의 위치를 정하게 된다. 그러면 가슴과 볼이 정면으로 마주 대하게 되어 몸이 열린 상태로 된다. 그리고 발의 위치를 한번 정해 버리면 그 상태에서 상체를 굽히는 각도와 무릎을 굽히는 정도를 조절한다. 이런 수순을 밟게 되면 볼과의 거리가 언제나 일정하지 않기 때문에, 매번 안정된 어드레스를 취할 수 없는 나쁜 버릇이 생긴다.

안정된 스윙은 어드레스로부터.
볼에 맞추는 것이 아니라, 자신의 스윙에 맞는 어드레스를 취하는 것이 안정된 샷을 구사하는 비결이다.

체크 포인트

- 어드레스를 취하는 수순이 안정되어 있는가
- 이동 중에 무릎이나 상체의 각도가 변하지 않았는가

3

발의 위치와 무릎의 각도를 바꾸지 않은 채 클럽을 지면으로 내린 후, 적당히 상체를 굽힌다. 이러한 어드레스의 기본 자세를 확실하게 익혀두는 것이 중요하다.

4

그 자세를 유지한 채, 자신의 중심에 클럽을 놓을 수 있도록 한 발씩 앞으로 이동한다. 이때 무릎의 굽힌 정도와 상체의 각도가 변하지 않도록 발을 끄는 듯한 걸음으로 이동한다.

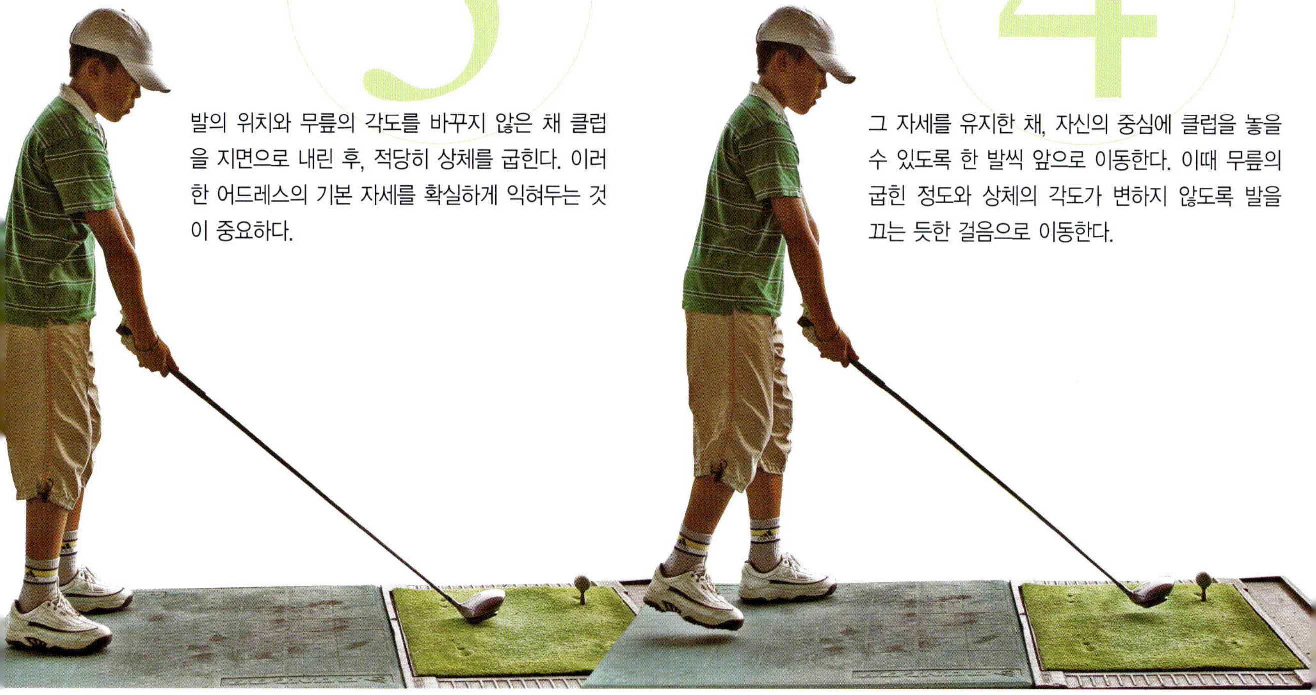

샤프트의 윗부분에 눈에 띄는 색깔의 테이프를 붙인다.

페이스가 똑바로 위치해 있는가를 확인하는 방법으로 샤프트의 윗부분에 눈에 잘 띄는 색테이프를 붙여두는 것도 하나의 방법이다. 어드레스 수순 중에서, 볼 쪽으로 이동할 때 테이프의 형태가 변하지 않도록 움직이면 처음 자세를 그대로 유지한 것이 된다. 그리고 샤프트의 형태에 신경을 쏟다 보면 볼에 대한 과잉 의식을 날려버릴 수 있는 일석이조의 효과도 있다.

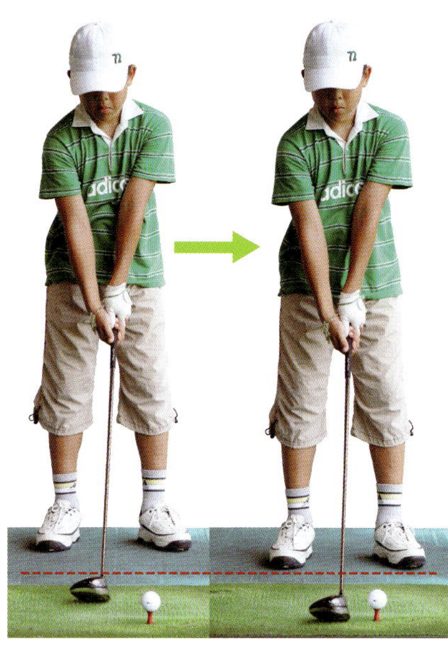

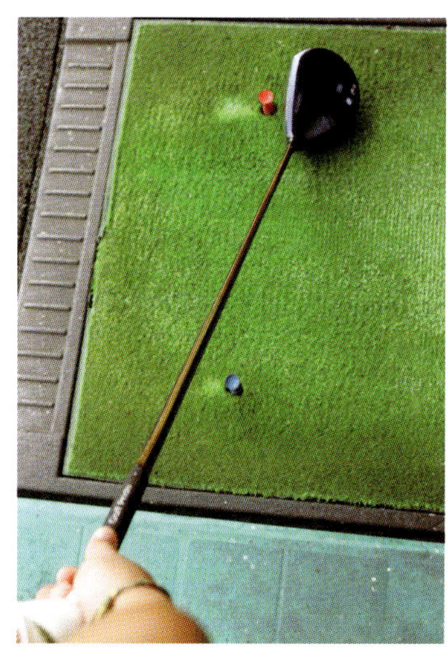

샤프트의 윗부분에 눈에 잘 띄는 색테이프를 붙임으로써, 스스로 확인할 수 있다.

스윙의 기본을 익히자

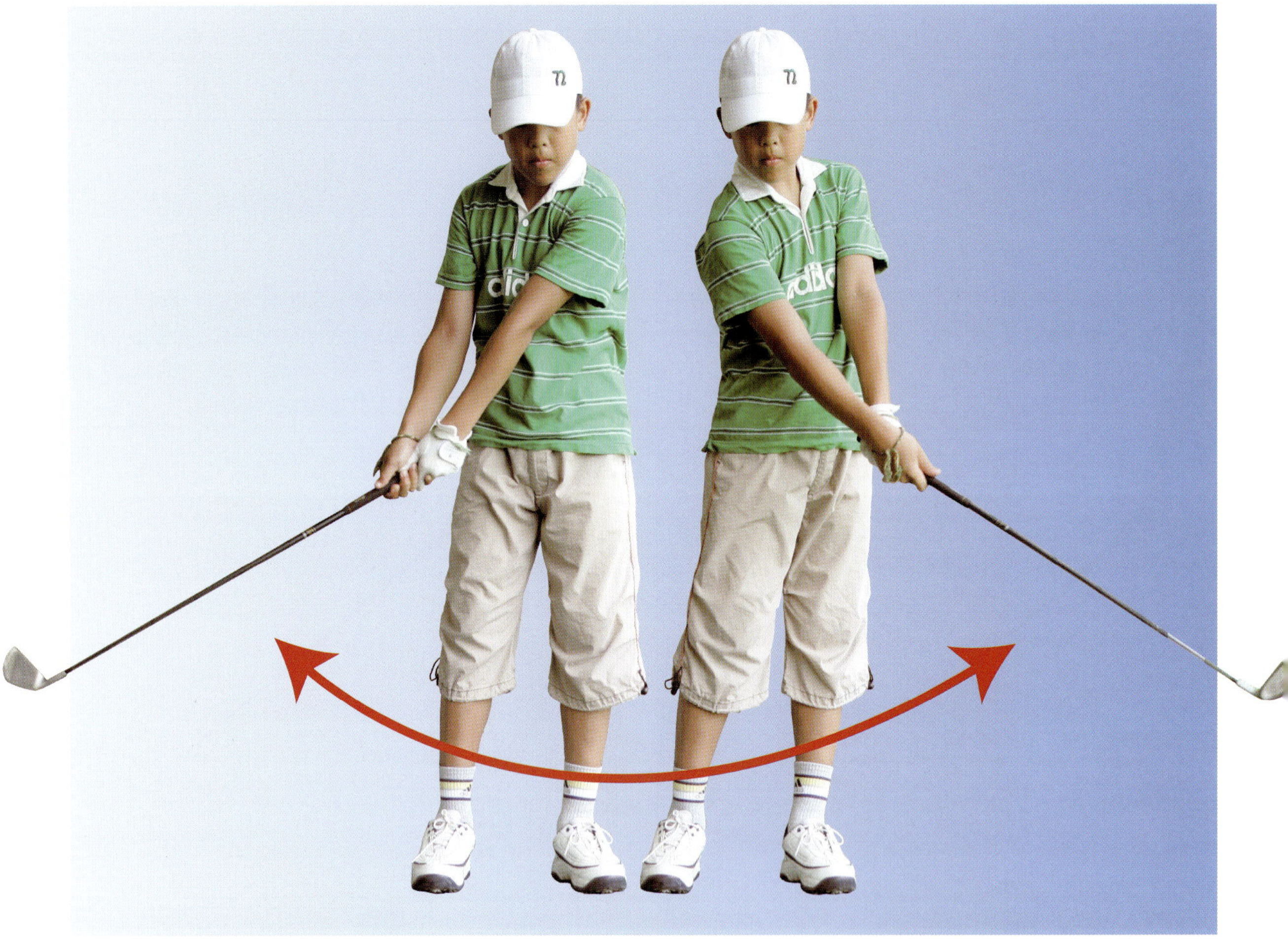

허리 높이에서 허리 높이까지 클럽을 좌우로 휘두른다.

균형 잡힌 자세를 잡는 연습(p.33 참조)이나 여유 있게 그립을 잡는 방법(p.36 참조)에서 체험하였듯이 골프에서 여분의 힘은 절대 금물이다. 클럽의 특성을 살린 스윙을 하기 위해서는 몸 전체를 시계추처럼 사용하는 방법을 익혀야 한다.

먼저 허리에서 허리까지 클럽을 좌우 대칭이 되도록 흔들흔들 휘둘러 본다. 이때 팔의 힘을 뺀 상태에서 클럽의 움직임에 거스르지 않도록 한다. 그립은 손가락을 걸친 듯한 느낌으로, 안정된 자세를 유지한 상태에서 클럽을 휘두르고 있는가를 확인한다.

이러한 사항들이 잘 지켜져 있다면 헤드 스피드는 몸 정면에서 가장 빨라지며, 페이스의 방향도 몸 정면에서 일직선이 되기 마련이다. 이것이 골프 스윙의 기본이란 점을 익혀두자.

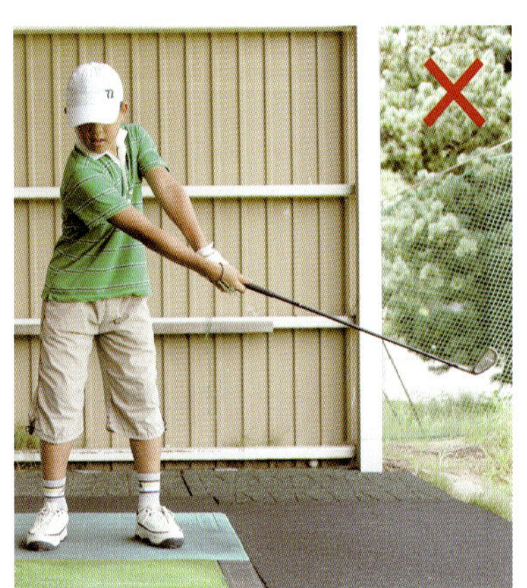

팔만으로 클럽을 휘두르려고 하면 힘이 들어가기 때문에 NG.

스윙의 기본은 클럽의 특성대로 휘두르는 것이다.
여분의 힘을 들이지 않은 상태에서 자연스럽게 스윙을
가져가면 클럽이 알아서 볼을 날려 보낸다.

체크 포인트
● 힘을 들이지 않은 채로 클럽을 휘두르고 있는가
● 자세는 안정되어 있는가

서서히 스윙 폭을 크게 가져간다

허리에서 허리까지, 어깨에서 어깨까지, …스윙 폭을 크게 가져간다.

올바른 자세를 유지한 상태에서 허리에서 허리까지의 스윙을 할 수 있게 되면, 점차 스윙 폭을 크게 가져간다. 이때 중요한 사항은 허리에서의 스윙과 동일하게 스윙을 가져가는 것이다. 힘을 들이지 않고 클럽의 무게만으로 좌우 대칭이 되도록 클럽을 휘두르는 것에만 집중하자. 이 연습에 어느 정도 익숙해진 후에 볼을 놓고 스윙을 해보기 바란다. 그러면 기본적인 스윙 동작 과정에 단순히 볼이 놓여 있기 때문에, 그 볼에 클럽 헤드가 닿아, 결과적으로 볼이 전방으로 날아간다는 사실을 체험하게 될 것이다.

이러한 동작이 가능해지면 누구든 싱글 플레이어라 할 수 있다. 볼을 두지 않은 상태에서의 자연스러웠던 스윙 동작이 단지 볼을 두고 친다는 의식을 하기 시작함으로써 엉망진창으로 변해버리는 것이 골프이다. 그러므로 처음부터 몸으로 스윙을 익혀두는 것이 중요하다.

볼을 때리려는 의식을 가지면 몸이 먼저 열려버리기 때문에 NG.

흔히 있을 법한 *어른들의 NG*

회전축에 대한 어드바이스나 헤드 스피드를 높이는 비결에 대한 어드바이스를 자주 듣는다. 그러나 이러한 계통의 어드바이스는 자신의 스윙 동작과 딱 들어맞지 않는 한 아무런 의미가 없다. 가령 필요 이상으로 회전축을 의식하기 시작하면 몸 움직임이 매끈하지 못하게 된다. 그리고 볼을 너무 의식하면 자세가 앞으로 쏠리는 결과를 낳는다. 빠르게 몸을 회전시키려고 하면 몸이 빨리 열려버린다. 그 결과 스윙에 힘이 들어간다든지 손만으로 스윙을 하게 되는 결과를 낳는다.

왼쪽 어깨를 턱 밑에 넣도록 클럽을 들어라

다운 스윙에서는 허리의 회전을 사용하여 볼을 때려라

머리를 움직이지 말고 볼에서 눈을 떼지 마라

오른발에 힘을 주어 헤드 스피드를 높여라

볼을 날려 보자

볼을 멀리 날리기 위해서는 어떻게 하면 되는가?

지금까지 스윙의 기초적인 부분에 대해 연습해 왔지만, 실제로 볼을 멀리 날리기 위해서는 어떻게 하면 되는가. 어린이가 쉽게 이해할 수 있도록 야구나 축구를 예로 들어 질문을 던져보자.

'야구공을 멀리 던지기 위해서는 어떻게 해야 할까?' 반드시 어린이 스스로 생각한 후 답변을 하게 한다. '던질 때 발을 높게 들어 몸의 반동을 이용한다' '팔을 크게 앞으로 휘두른다' 등의 답이 나오도록 유도를 하자. 전혀 얼토당토 않은 답이 나온다면 약간의 힌트를 주는 것도 하나의 방법이다.

'축구공을 멀리 차기 위해서는 어떻게 하면 될까?' 이번에도 '신체의 반동을 이용하여 찬다' '발을 크게 앞으로 내민다' 등의 답이 나오도록 유도하자.

그리고 마지막으로 '야구나 축구의 경우는 그랬지만, 골프의 경우는 어떻게 하면 볼을 멀리까지 날려 보낼 수 있는가?' 이 질문에 '크게 휘두른다 = 폴로를 크게 한다'는 결론에 이르기까지 어린이 스스로 생각하게 한다.

어린이 스스로 생각하여 이끌어 낸 답은 반드시 머릿속에 강하게 각인되어 있을 것이다. 처음부터 답을 일러주는 것이 아니라, 반드시 최종적인 결론은 어린이의 입에서 나오도록 힌트를 주는 등 이리저리 궁리를 하자.

볼을 날리는 방법에 대해 처음부터 정확하게 가르치는 것이 중요하다. 어린이 스스로 결론에 이르기까지 생각하게 한다.

헤드 스피드가 가장 빨라지는 곳에 볼을 둔다.

팔의 힘을 뺀 상태에서 클럽을 휘두르는 연습을 하였다. 지금부터는 실제로 볼을 칠 때, 볼을 두는 위치와 볼을 치는 위치에 대해 알아보자.

'볼을 날리기 위해서는 어디에 볼을 두어야 하는가' 라고 질문을 던져, '헤드 스피드가 가장 빠른 지점에 볼을 두고 치면 가장 멀리 날아간다' '헤드 스피드가 가장 빨라지는 지점은 몸 정면이다' '그러므로 볼을 몸 앞에 두고, 몸 정면에서 볼을 치게 되면 가장 멀리까지 날아간다' 라는 결론에 이르도록 유도하자.

톱 위치에 대해 자신이 없을 때

볼을 치기 시작하여 집중하면 할수록 스윙 자세가 흐트러지기 마련이다. 그럴 때 세세한 부분까지 꼼꼼하게 가르치기보다는, 어린이 스스로 교정할 수 있도록 지켜본다.

톱 위치가 헷갈리기 시작하면 가슴 앞에서 클럽을 들어 올리게 한 후, '우향우' 방향으로 상체를 비틀고 클럽을 엄지손가락 방향으로 약간 눕히는 수순을 밟게 한다. 이 자세를 한 번 취함으로써 자연스럽게 톱 위치에 대한 감각을 되살릴 수 있다.

드라이버와 아이언의 차이점을 이해하자

우선 드라이버와 아이언을 동시에 흔들흔들 시계추처럼 휘둘러보게 함으로써 두 클럽의 차이점을 체험한다.

클럽의 길이가 다르기 때문에 샤프트가 긴 드라이버가 천천히 큰 호를 그리면서 움직일 것이다. 먼저 두 클럽의 차이점에 대해 시범을 보인 후 어린이 스스로 클럽을 가지고 두 클럽의 차이에 대해 확인하게 한다.

손으로 클럽을 흔들흔들 흔들어, 아이언과 드라이버의 차이점을 눈으로 직접 확인하자.

시계추처럼 클럽을 휘둘러 드라이버와 아이언의 차이점을 눈으로 직접 이해한다.

클럽의 움직임을 관찰할 때 무엇보다 주목해야 할 점은, 헤드 스피드가 어느 지점에서 가장 빨라지는가, 그리고 페이스의 방향이 어느 지점에서 일직선이 되는가라는 점이다.

유심히 관찰하면 드라이버나 아이언 모두 페이스가 정면을 향할 때 헤드 스피드가 가장 빨라진다는 사실을 알게 될 것이다. 그리고 아이언의 경우에는 헤드가 몸 정면에서 최하점을 통과할 때에 헤드 스피드가 가장 빨라지지만, 드라이버의 경우는 헤드가 최하점을 통과하여 위로 올라가기 시작하는 시점에서 헤드 스피드가 가장 빨라진다.

먼저 드라이버와 아이언의 볼의 위치를 익히자.
그리고 왜 볼의 위치가 달라지는가에 대한 이유를
설명하는 것이 중요하다.

아이언과 드라이버의 볼의 위치를 익힌다.

볼을 두는 위치는, 클럽 페이스가 목표 방향을 향하고, 헤드 스피드가 가장 빨라지는 지점이다. 그러므로 아이언과 드라이버의 볼을 놓는 위치는 다르다. 그리고 드라이버는 헤드가 수평에서 조금 위로 향하는 시점에서 헤드 스피드가 가장 빨라지므로 티업하는 것이 치기 수월하다.

흔히 있을 법한 **어른들의 NG**

'볼을 몸의 중앙에 두어라'

처음부터 볼을 두는 위치를 가르치는 것은 NG. 의미도 모른 채 볼의 위치만을 익혀버리면, 위치가 약간 달라져도 볼에 맞춘 스윙을 하려는 이상한 버릇이 생기므로 주의한다.

아이언의 경우 · 드라이버의 경우

드라이버 샷은 헤드가 최하점을 지나, 조금 위로 올라가는 지점에서 볼을 친다. 따라서 볼을 치는 위치가 아이언에 비해 약간 앞쪽(왼발 방향)이 되며, 티업한 상태에서 치는 것이 수월하다.

티의 높이는 페이스의 높이에서 볼이 반 정도 보이는 곳이 적당하다. 그리고 손으로 클럽을 흔들흔들 흔들었을 때 페이스가 정면을 향하는 시점을 회상하면서 볼이 맞는 순간을 머릿속에 그린다.

연습장이나 정원에서의 연습법

고무를 치는 연습으로 스윙 궤도를 안정시킨다.

연습장에서 할 수 있는 연습 중 가장 효과적인 것이 고무를 치는 연습이다. 고무를 치기 위한 스윙이 아니라, 스윙 도중에 자연스럽게 클럽 페이스가 고무에 닿는 느낌으로 스윙을 하는 것이 중요하다.

스윙을 몇 번 정도 하고 나면 자신도 모르는 사이에 고무를 치기 위한 스윙으로 변해 있다는 사실을 느끼게 될 것이다. 그러한 때에는 눈을 감고 스윙 연습을 하기 바란다. 눈으로 본 목표가 없어져, 원래의 자연스러운 스윙으로 되돌아온다.

자연스러운 스윙으로 일정하게 고무를 맞히게 되면, 조금씩 고무의 높이를 낮게 한다. 처음엔 자신 있는 클럽으로 연습을 하며 점차 다른 클럽을 가지고 일정한 리듬으로 스윙하는 연습을 한다.

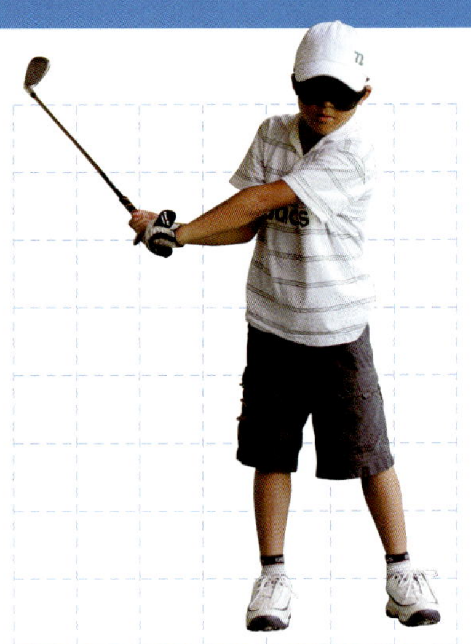

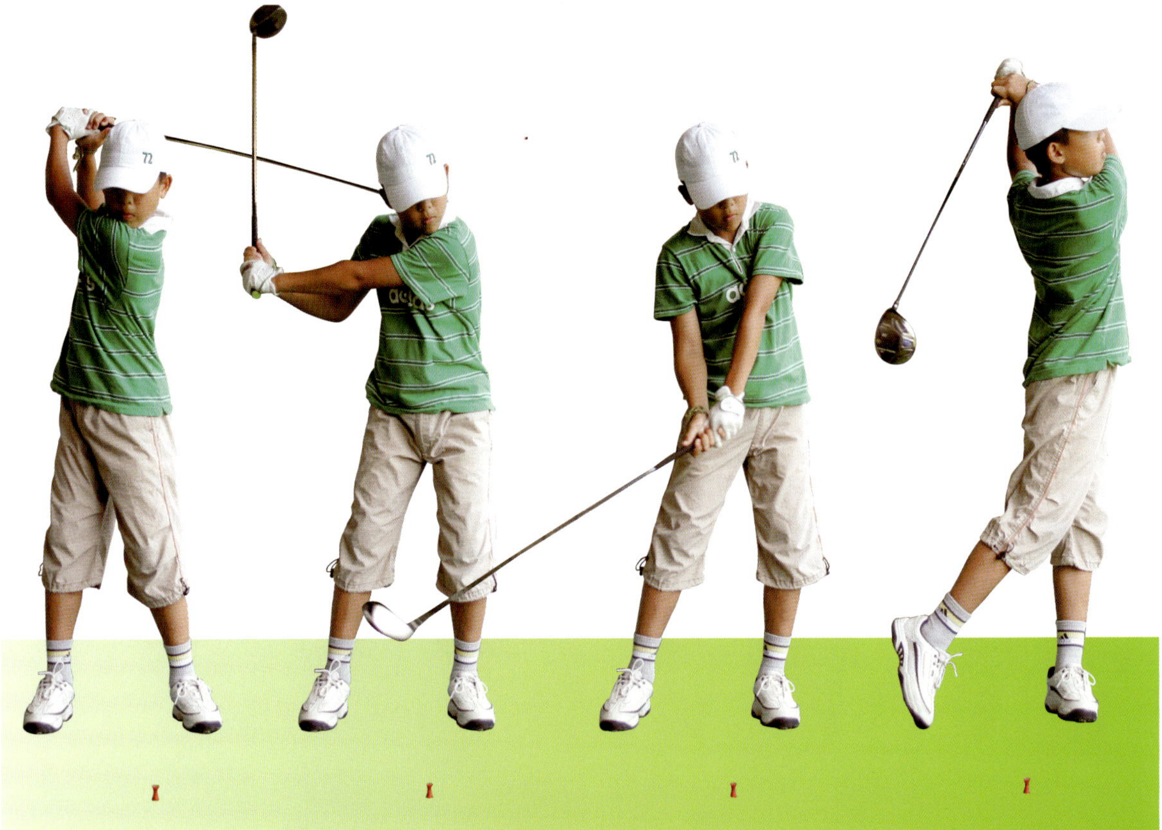

1 고무를 의식하지 않은 채, 고무 앞에서 보통 때처럼 스윙을 하면 된다.

2 고무를 맞히기 위한 스윙을 한다든지, 힘이 들어간다든지 하면 눈을 감은 상태에서 스윙을 한다.

3 클럽이 통과하는 지점에 고무가 있기 때문에 당연히 클럽 페이스가 고무에 닿는다라는 감각을 익힌다.

4 일정한 리듬으로 연속적으로 스윙을 함으로써 고무를 맞힌다는 의식을 없앤다.

볼을 치기 전 또는 볼을 의식하기 시작하여 몸에 힘이 들어갈 경우에는 고무 치기 연습을 하라. 고무를 의식하지 않은 채 일정한 리듬으로 스윙을 하는 것이 중요하다.

체크 포인트
● 자연스러운 스윙으로 고무를 맞히고 있는가
● 일정한 리듬으로 스윙을 하고 있는가

스윙을 할 때에는 팔이나 허리를 사용하지 않은 채, 헤드의 무게를 느끼면서 자연스럽게 클럽을 휘두른다.

헤드 스피드를 높이기 위해 야구 방망이를 이용한 스윙 연습

비거리를 내기 위해서는 헤드 스피드를 높여야 한다. 야구 방망이를 가지고 헤드의 무게를 이용한 스윙을 감각적으로 익히자. 스윙 도중에 소리가 나는 지점을 확인하면서 연습을 한다. 힘이 들어가면 야구 방망이를 거꾸로 잡고 몇 번 스윙을 한 후 원래대로 잡고 연습하기 바란다.

집에서도 가능한 연습법

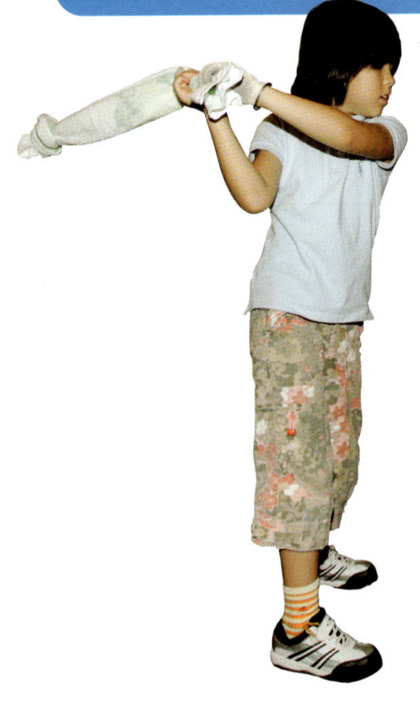

수건이나 리본을 이용하여 멋진 스윙을 익힌다.

집안에서 가능한 대표적인 연습이 수건을 이용하는 것이다. 수건의 한쪽 끝부분을 묶은 후, 수건이 느슨해지지 않도록 휘두른다. 이때 묶은 부분을 헤드로 간주하고 그 부분의 무게를 느끼면서 스윙을 하는 것이 중요하다.

수건을 휘두르는 것과 마찬가지로 리본을 막대기에 붙인 후 스윙 연습을 하는 것도 하나의 방법이다. 바람의 저항을 느낌과 동시에 리본이 눈앞을 통과할 때의 잔상 효과를 이용하여 스윙의 감각을 익히기 바란다.

이러한 연습을 할 때에는 볼을 때리려는 의식을 버리는 것과 스윙 자체에 의식을 집중한 상태에서 반드시 일정한 리듬으로 원래 자세로 되돌아오는 연습을 겸하는 것이 효과적이다. 좌우로 리본을 흔들면서 스윙 동작을 몸으로 익히자.

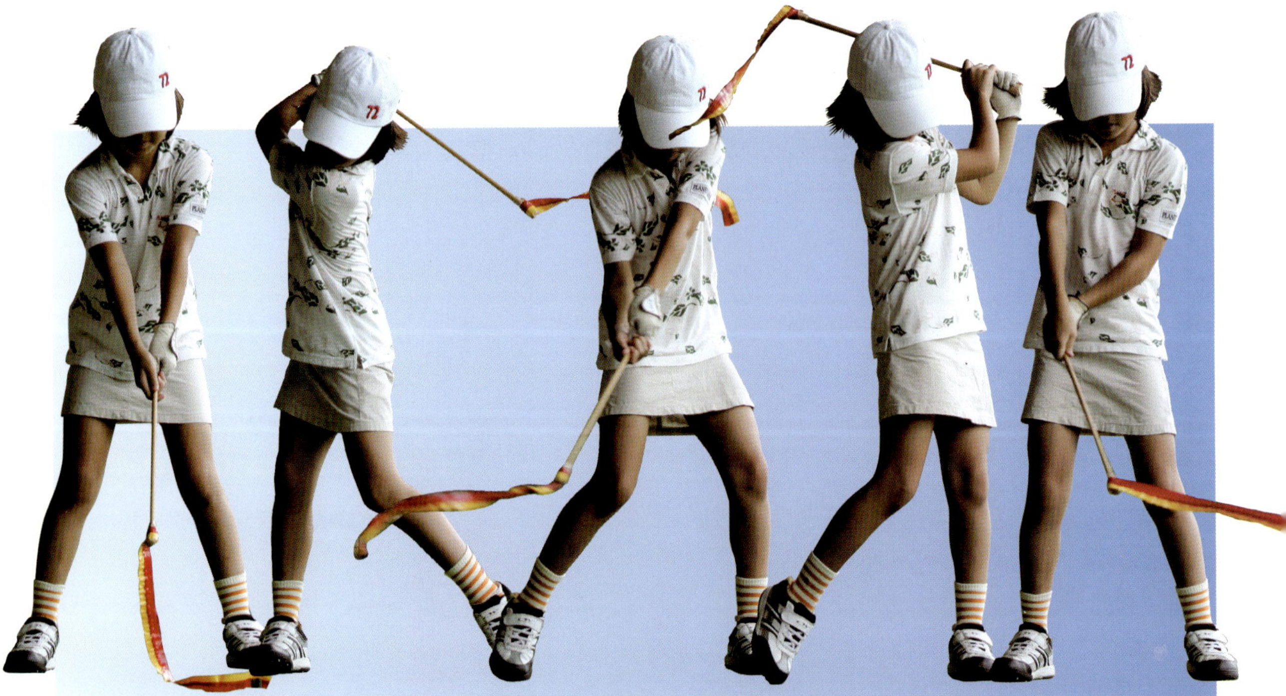

공기 저항이 큰 리본 등을 붙인 막대기를 이용하여 스윙을 한다.

리본이 도중에 느슨해지지 않도록 주의한다.

공기 저항을 확실하게 느끼면서 스윙을 한다.

피니시에서 정지하지 않은 채 반대 방향으로 스윙을 한다.

원래 위치로 되돌아오는 스윙 동작 중에도 의식을 집중한다.

집안에서 클럽을 휘두르는 것은 대단히 위험하므로,
클럽을 잡지 않고서도 집안에서 할 수 있는
안전한 연습 방법을 소개한다.

연습기구를 만들어 스윙을 확인한다

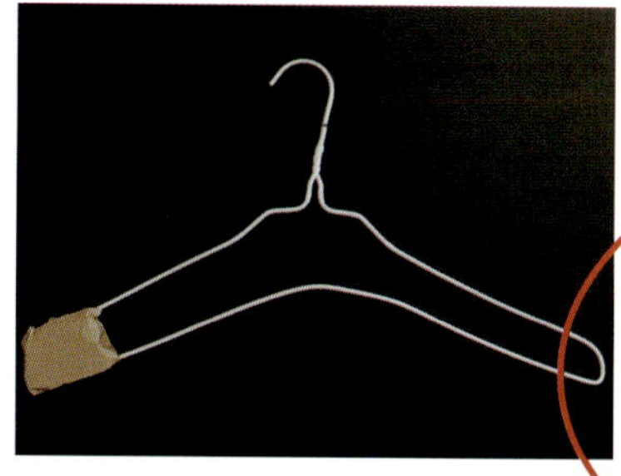

철사로 만든 옷걸이를 그림과 같이 형태로 만든 후, 한쪽 끝에 건전지나 납 등을 종이 테이프로 고정한다.

스윙 도중에 볼을 맞히러 가는 듯한 팔의 움직임이 되지 않도록 주의한다.

건전지로 고정한 반대쪽을 잡고, 좌우 대칭이 되도록 스윙을 한다.

책상이나 테이블 등을 이용하여 팔의 움직임을 체크한다.

힘이 들어가기 쉬운 어린이에게는 한 손을 이용한 스윙 연습을 시키는 것이 효과적이다. 우선 책상이나 테이블 앞에 서서 팔이 책상이나 테이블에 닿지 않도록 조심하면서 손을 번갈아가면서 흔들어 왼손과 오른손의 움직임을 익힌다. 그런 다음에 클럽을 잡지 않은 채로 양손을 이용하여 같은 동작을 반복한다.

이 연습을 몇 번 정도 반복하면 좌우 손의 자연스러운 움직임을 익힘과 동시에 양손을 몸 앞에서 가지런히 하였을 때에도 힘이 들어가지 않는 스윙이 가능해진다.

왼손 연습

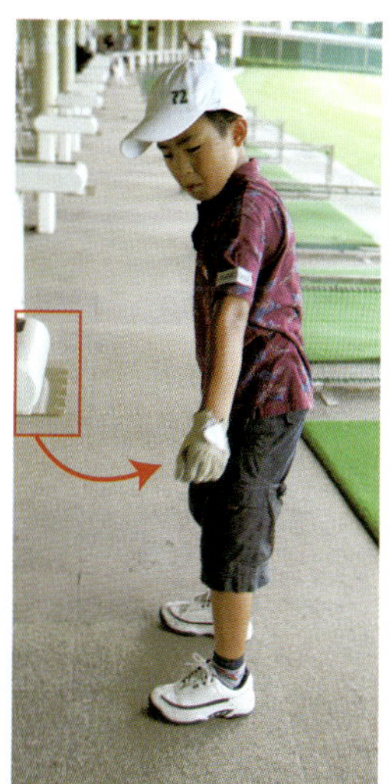

물건에 닿지 않도록 왼손만으로 스윙을 한다.

오른손 연습

다음은 오른손만으로 스윙을 하여, 손의 움직임을 확인한다.

양손을 이용한 연습

마지막으로 양손을 합친 상태에서 물건에 닿지 않도록 스윙을 한다.

기본에 충실한 스윙을 해보자

연습장에서 볼을 칠 때 소홀히 하기 쉬운 것이 어드레스를 취하는 순서이다. 볼을 잘 치지 못하는 원인은 스윙뿐만 아니라 어드레스에도 있다. 올바른 어드레스 순서를 익힘으로써 미스 샷을 미연에 방지할 수 있다.

연습장에서 무작정 볼을 계속 칠 것이 아니라, 먼저 확실한 어드레스 자세를 취한 후에 볼을 치는 습관을 가지자(pp. 40-41 참조).

그리고 계속해서 볼을 치다 보면 볼을 치는 것에 열중한 나머지 자신도 모르는 사이에 스윙 자세가 흐트러지기 마련이다. 이러한 때에 적절하게 지도를 하여, 어드레스의 순서부터 재확인하게 함으로써 원래의 스윙 자세를 찾게 한다.

1 볼 후방에서 클럽을 든 채로 목표 방향을 확인한다.

2 볼 앞에서 클럽을 든 채로 페이스의 방향을 확인한다.

3 그 상태에서 한번 더 목표 방향을 보면서 페이스의 방향을 확인한다.

종이컵을 이용하여 스스로 스윙을 확인한다.

종이컵의 밑부분에 구멍을 뚫어 그립 부분에 걸친 채 스윙을 한다. 헤드 스피드가 가장 빨라지는 지점에서 종이컵이 미끄러져 '퍽' 하는 소리가 난다. 어느 지점에서 소리가 나는지 확인하자.

그립 부분에 종이컵을 걸친 채로(사진 좌) 스윙을 시작한다.

몸의 정면에서 종이컵이 미끄러져 '퍽' 하는 소리가 나면 OK. 이 소리는 몸 정면에서 스윙 스피드가 가장 빨라진다는 증거이다.

볼을 치기 시작하면 재미가 나기 때문에 삽시간에 열중하는
것이 어린이이다. 그럴 때 기본에 충실한 스윙을 하도록
간간히 지도하는 것이 골프 숙달의 지름길이다.

체크 포인트
- 어드레스의 수순을 잘 지키고 있는가
- 볼을 칠 때 헤드 스피드가 가장 빨라져 있는가

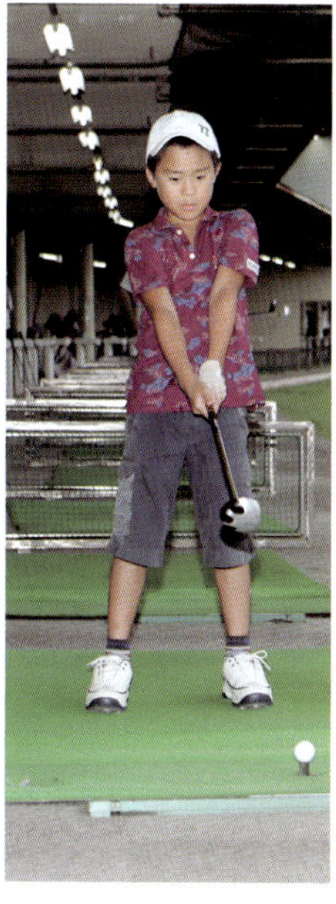

4 양발을 어깨 너비로 벌려 스탠스를 취한다.

5 무릎을 굽히고 허리를 낮추어 가볍게 상체를 앞쪽으로 기울인다.

6 자세를 흐트러뜨리지 않은 채 볼 쪽으로 이동한다.

7 릴랙스한 상태로 힘이 들어가지 않도록 주의하면서 스윙을 시작한다.

8 확실하게 마지막까지 클럽을 휘두른다.

티업한 볼을 잠자리 채로 건진다.

망이 큰 잠자리 채를 이용하여 볼을 건져내는 것도 효과적인 연습법이다. 가볍고 긴 잠자리 채일수록 공기 저항이 크기 때문에 힘이 들어가면 볼을 잘 건질 수 없다. 천천히 스윙을 하지 않으면 안된다.

뒤에서 어른이 함께 스윙을 하여 볼을 쳤을 때의 느낌을 익힌다

어린이가 볼을 잘 맞히지 못할 때나 열중한 나머지 스윙에 힘이 들어가기 시작하면 어린이 뒤에서 오른손으로 샤프트를 함께 잡고 볼을 치는 연습을 한다. 이렇게 함으로써 몸을 움직이는 방법을 쉽게 터득할 수 있다. 볼 몇 개를 함께 친 후에 다시 어린이 혼자서 볼을 치는 모습을 지켜본다. 힘이 들어가 볼이 잘 맞지 않을 때, 이 방법이 효과가 있다.

칭찬으로 어린이의 재능을 키운다

내가 처음 골프를 접한 때가 초등학교 3학년 때이다. 그전까지는 주로 야구를 하면서 보냈는데, 어느 날 아버지와 함께 연습장에 가게 된 것이 계기였다. 처음 가 본 골프 연습장에서 받은 느낌은 '넓고 특별한 장소' 란 것이었다. 그때는 볼을 맞히기에 급급했으나, '골프도 참 재미있구나' 라는 느낌이 들었다. 그때부터 주 1회 정도 아버지와 함께 연습장에 갔다.

골프에 본격적으로 재미를 붙이기 시작한 것은 1년 정도 지난 후였다. 처음으로 코스에 나간 뒤였다. 코스의 인상은 '넓고 기분이 좋다' 란 느낌과, 코스는 연습장과는 완전히 다른 별개의 세상이었으며 '또다시 오고 싶다' 란 기분이 들었다.

'볼을 잘 맞힐 수 있게 되면 다시 코스에 데려 가겠다' 라고 아버지가 약속을 하였기에 그때부터 열심히 연습을 하였으며 어느 정도 볼을 맞힐 수 있게 되었다. 그러나 여전히 라운딩 중에 여러 가지 난감한 경험을 하게 되었다. 특히 벙커 샷이 어려웠는데…. 벙커 샷은 연습장에서 연습할 수가 없었기에 '(모래)가 무겁다' 란 인상을 받은 것을 지금도 생생하게 기억하고 있다. 퍼팅도 많은 고생을 하였다. 그때부터 두 달에 한 번 정도 아버지와 라운딩을 하게 되었다. 당시 함께 라운딩을 한

사람들은 모두 나보다 실력이 좋았기에 '나도 저 사람처럼 잘 치고 싶다' 란 목표가 생겨 더욱 더 열심히 연습한 기억이 난다.

점차 골프에 대해 진지하게 생각하게 되었으며, 중학교에 들어간 뒤 '프로 골퍼' 가 되겠다고 결심을 하였다. '이처럼 열심히 연습하고 있고, 비용도 만만치 않게 투자했는데, 장래 프로 골퍼를 목표로 해보고 싶다…' 라고 결심하게 되었고 그때부터 프로 골퍼가 되는 것을 목표로 연습에 전념하였다.

내가 어렸을 때에는 코스나 연습장에 오는 어린이가 적었기 때문에 어른들과 똑같은 취급을 받았지만, 최근에는 주니어 골프 인구가 많이 늘어 캐디로부터 '열심

히 하라' 등의 성원을 받는 등 이전보다는 훨씬 좋은 환경에서 어린이들이 골프를 즐길 수 있게 되었다고 생각한다.

그리고 부모들은 자녀들의 플레이를 따뜻한 마음으로 지켜봐 주기 바란다. 처음부터 볼을 잘 치는 어린이는 존재하지도 않으며, 룰이나 매너를 비롯하여 가르쳐야 할 사항이 아주 많다. 그러나 상대가 어린이이므로 꾸짖기보다는 언제나 칭찬을 함으로써 어린이가 편하게 골프를 즐길 수 있는 환경을 만들어 주는 것이, 오히려 어린이의 기량 향상에 도움이 되리라고 생각한다.

伊沢利光
Toshimitsu Izawa

프로필
이자와 토시미쯔
1968년 3월2일 카나가와현 출신
일본체육대학 3년 재학시에
프로 테스트에 합격
투어 2년째에 일본 오픈에서 첫 우승
2001년, 2003년 상금왕

제3장

퍼팅과 어프로치

Putting &
Approach

퍼팅과 어프로치

어린이에게 골프를 가르칠 때, 느닷없이 연습장에 데려가서 처음부터 볼을 잘 맞히는 것을 기대하기는 힘들다. 이런 것이 원인이 되어 '골프는 재미없다' '골프는 어렵기 때문에 싫다' 라고 생각하는 어린이가 생길 수도 있다. 그리고 옆에서 지켜보는 부모가 먼저 참을 수 없는 상황이 되어 어린이에게 '왜 볼을 잘 치지 못하지' 등 열을 올리는 광경을 자주 접한다. 이런 방식으로는 오히려 역효과를 낼 뿐이며, 골프를 좋아하기는커녕 연습장에 가는 것조차 거부 반응을 일으키기 십상이다.

그러므로 우선 집에서도 가능한 퍼팅부터 어린이에게 가르치는 것이 효과적인 방법이라고 할 수 있다. 부모 자식간에 또는 형제간에 게임 감각으로 즐기면서 숙달하는 것이 가능하다.

'퍼팅과 샷은 별개' 라고 생각하는 사람이 있을지 모르나, 기본은 동일하다. 퍼팅의 클럽을 바꾼 것이 어프로치이다. 그리고 조금씩 스윙을 크게 가져가면 통상의 스윙이 된다.

퍼터의 경우, 알다시피 로프트가 거의 없기 때문에 볼을 띄우기보다는 굴리기에 적합한 클럽이다. 굴리고 싶은 방향으로 페이스를 향하게 하여 곧바로 치면 볼은 곧바로 굴러가기 마련이다. 이런 정도라면 어린이도 쉽게 할 수 있다. 그리고 퍼팅 매트에서 연습을 하면 컵에 볼이 들어갔을 때의 기쁨을 느낄 수 있으므로, 기대 이상으로 어린이가 골프를 즐기면서 관심을 가지게 되리라고 생각한다.

그리고 굳이 어린이에 국한하지 않더라도 퍼팅 연습을 통해 거리감과 방향 감각을 익힌 후 스윙 연습을 하는 것이 보다 효과적인 연습

방법이다. 퍼팅에 어느 정도 익숙해지면 클럽을 바꾸어 어프로치 연습을 추천한다.

우선 퍼터를 사용하여 거리감과 방향 감각을 익힌다.

퍼팅 연습은 어디서나 가능하다. 퍼팅 매트를 이용해도 좋고, 카펫 위에서 목표를 정하여 연습하는 것도 괜찮다. 단 어린이에게 묵묵히 퍼팅 연습을 시킬 것이 아니라 게임을 하듯이 부모도 함께 연습을 하면 어린이는 더욱 더 관심을 가지기 마련이다.

어린이는 이론에 근거하기보다 감각으로 볼을 치는 경향이 강하다. 가령 미스 샷을 연발한다 할지라도 정확한 폼을 지도하기보다는 힘의 강약이나 페이스의 방향에 대한 약간의 어드바이스 정도로 만족하는 것이 중요하다.

어른에 비해 이론적으로 생각하지 않는 만큼 어린이의 감성은 월등히 뛰어나기 때문에 클럽을 휘두르는 동작을 손의 감촉이나 몸으로 익히도록 한다. 초등학교 시절에 익힌 감각은, 그대로 신체를 사용하는 기본으로 정립되기 때문에 골프뿐만 아니라 다른 분야에서도 장래 반드시 도움이 된다.

스코어를 줄이는 데 가장 중요한 부분이 숏 게임이다.
기본은 통상적인 스윙과 완전히 동일하다.
게임 감각으로 먼저 퍼팅부터 가르치는 것이 효과적이다.

클럽을 바꾸어 퍼팅과 동일한 스윙을 하면 그것이 바로 어프로치이다.

퍼팅에 어느 정도 익숙해지면 다음

단계는 어프로치이다. 퍼터를 사용할 때와 똑같은 요령으로 여러 가지 클럽을 사용하여 볼을 쳐보자. 클럽을 바꾸었다고 스윙 폭을 크게 가져갈 필요는 없다. 이 연습의 주된 목적은 클럽의 로프트에 따라 볼의 탄도가 달라진다는 사실을 체험하는 것이다.

로프트가 큰 웨지를 사용하면 볼이 높이 뜨고 그다지 굴러가지 않는다. 아이언을 잡고 어프로치를 하면 웨지만큼은 볼이 높이 뜨지 않으나 그 대신에 굴러가는 거리가 길어진다. 이런 식으로 클럽의 로프트와 탄도의 관계를 먼저 익히는 것이 중요하다.

여기서도 퍼팅과 마찬가지로 처음엔 거리감을 익히고, 그 다음에 방향성을 익히는 것이 순서이다. 단 문제는 방향 감각이다. 퍼터와는 달리 아이언이나 웨지에는 로프

트가 붙어 있기 때문에 페이스를 볼에 일직선으로 맞추는 것이 쉽지 않다. p.38의 '페이스를 맞추는 법'에서 설명하였듯이, 눈으로 본 일직선과 실제의 일직선이 다르다는 사실을 알려두자.

어프로치의 스윙 폭을 조금씩 크게 하면 통상의 스윙이 된다.

어프로치 연습을 통해 볼을 띄우는 기술이나 페이스를 정렬하는 방법에 어느 정도 숙달되면, 그 상태에서 스윙 폭을 조금씩 크게 가져가는 것만으로 통상의 스윙을 구사할 수 있게 된다. 이때 중요한 포인트는 스윙을 크게 가져가는 만큼, 그러한 스윙에 상응하는 몸을 사용하는 방법을 익혀야 한다. 이 점에 대해서는 제2장에서 소개한 연습을

해둘 필요가 있다. 퍼팅이나 어프로치 연습을 통해 볼을 치는 감각이나 방향성을 몸으로 익혀둔 상태라면 보통의 스윙에 대해서도 쉽게 숙달되리라 생각한다.

평소에 집에서 퍼팅이나 어프로치 연습을 해두면, 힘이 들어간다든지 볼을 맞히러 간다든지 등의 증상이 나오더라도 처음 퍼팅할 때의 감각을 회상함으로써 나쁜 버릇이 나오지 못하게 하는 효과가 있다.

거리감과 방향 감각을 익히자

퍼팅에서 무엇보다 중요한 것이 거리감과 방향 감각이다. 거리감을 결정짓는 것은 볼의 스피드이다. 퍼팅을 하기 전에 우선 손으로 볼을 굴려, 어느 정도의 속도로 얼마만큼 굴러가는지를 익히는 것부터 시작하기 바란다.

어른들에게도 어려운 것이 방향 감각이다. 양발가락을 잇는 선과 라인이 평행을 유지했다고 생각할지라도 실제로 확인하면 틀리는 경우가 허다하다. 이러한 미스는 옆에서 볼을 치지 않으면 안되는 골프 특유의 성질 때문에 빚어지는 현상이다.

퍼팅을 하기 전에 목을 기울여 라인을 확인한다. 이때 좌우의 눈이 경사지기 때문에 오른쪽 눈잡이일 경우 실제의 라인보다 오른쪽이 퍼팅 라인인 것처럼 보인다. 즉 몸이 목표 방향보다 왼쪽을 향하고 있기 때문에 이러한 미스가 발생한다.

우선 손으로 볼을 굴려 보아 몸을 옆으로 향했을 때의 '일직선'의 감각을 익혀두는 것이 중요하다.

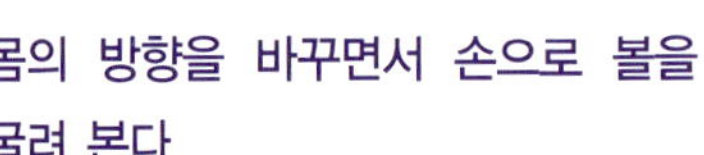

몸의 방향을 바꾸면서 손으로 볼을 굴려 본다.

먼저 손으로 볼을 굴려, 어느 정도의 스피드로 얼마만큼 굴러가는지를 확인한다. 실제로 퍼팅을 할 때에는 볼을 굴리는 방향과 몸이 평행을 유지하지만, 처음엔 알기 쉽도록 정면에서 볼을 굴린다. 이 방법으로 어느 정도 거리감을 익힌 후, 목표 방향과 45도 정도 비스듬한 자세를 취한 후 볼을 굴려 본다.

마지막으로 퍼팅 때와 똑같은 자세를 취한 후 볼을 굴려 보면, 생각한 것보다 왼쪽으로 볼이 굴러갈 것 같은 느낌이 들 것이다. 이것이 골프에서의 '일직선'이다.

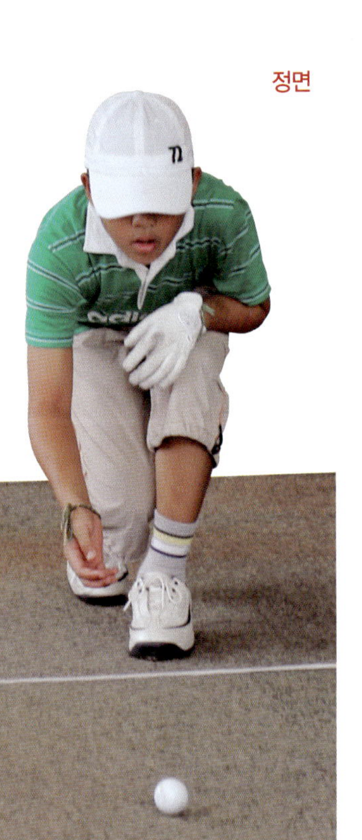

퍼팅에서 중요한 것은 거리감, 방향성, 터치이다.
어린이에게 퍼팅부터 가르치기보다는 우선 손으로 볼을 굴리게 하여,
감각을 익히게 한다.

체크 포인트
● 퍼팅 자세에서 '일직선에 대한 감'을 가지고 있는가
● 즐기면서 퍼팅을 하고 있는가

● 너비 게임 *GAME*

카펫에 비닐 테이프를 두 군데 붙여 놓고 그 사이에 볼을 정지시키는 게임. 우선 정면, 45도, 옆방향 순으로 손으로 볼을 굴려 본다. 그 다음에 퍼터를 사용하여 정면, 45도, 옆방향에서 연습을 한다. 여기서는 거리감을 확실히 몸으로 익히는 것을 목표로 한다.

손으로 볼을 굴려 볼의 스피드와 거리감을 익힌다.

퍼터를 가지고 연습한다. 옆방향 자세에서 연습하는 것이 어려우면 정면, 45도 방향에서 스탠스를 취한 후 연습한다.

● 원 게임 *GAME*

너비 게임에서 거리감을 익힌 후, 다음은 직경 1미터 정도의 원 안에 볼을 정지시키는 게임을 해보자. 이 게임은 방향성을 익히는 게임이며, 연습하는 요령은 너비 게임과 동일하다. 어느 정도 게임에 익숙해지면 거리를 달리 한다든지, 원의 크기를 작게 하여 연습하면 훨씬 효과적이다.

정면, 45도, 옆방향의 순으로 손으로 볼을 굴려 우선 방향 감각을 익힌 후 퍼팅을 해본다.

퍼팅 연습도 정면, 45도, 옆방향 자세에서 한다. 여기서 방향 감각을 확실하게 익히는 것이 중요하다.

페트병을 사용하여 터치를 익힌다.

페트병을 사용하여 터치를 익히는 연습을 해보자. 물이 들어 있는 페트병을 표적으로 삼고 퍼팅을 한다. 500ml의 페트병이 작다고 느껴지면 1.5l의 페트병을 이용해도 상관없다. 페트병을 맞혀 넘어지지 않도록 퍼팅 연습을 한다. 익숙해지면 서서히 페트병의 물의 양을 줄여 마지막에는 빈 페트병을 두고 퍼팅 연습을 한다. 물의 양이 적을수록 약한 충격에도 페트병이 넘어진다. 넘어지지 않을 정도의 힘으로 퍼팅하는 감각을 게임하듯이 익히자.

페트병이 넘어지지 않도록 힘을 조절하는 터치 감각을 익힌다. 게임하듯이 즐기면서 연습하자.

물의 양을 서서히 줄여, 마지막에는 빈 페트병을 두고 연습한다. 익숙해지면 거리를 길게 하여 연습한다.

퍼팅 실력을 늘리기 위해서

퍼팅 실력을 향상시키기 위해서 게임 감각으로 라인 읽는 법을 익히자. 방법은 아주 간단하다. 퍼팅 매트 밑에 여러 가지 물건을 두어 기복을 만드는 것으로 준비 완료. 코스 만드는 일을 어린이에게 시키면 어른이 상상도 하지 못할 정도의 코스가 만들어지기도 한다.

여기서도 즐기면서 경쟁하는 환경을 만들어 주는 것이 중요하다. 어린이가 주저할 때에는 부모가 먼저 시범을 보여 최소한의 지도만을 한 채, 어린이 스스로 생각하고 자연스럽게 즐길 수 있도록 하자.

중앙에 선을 그은 볼을 사용하여 볼이 굴러가는 모양을 눈으로 직접 확인하는 것도 유효한 방법이다. 먼저 평소처럼 퍼팅을 하였을 때 볼이 곧바로 굴러가는 연습을 한다. 그런 다음에 장해물을 밑에 깔아 두었을 때 라인이 변한다는 사실을 미리 알려주지 말고 볼의 회전이 어떻게 변하는가를 어린이 스스로 확인하도록 한다.

컵 주위의 목표 지점을 표시해 두고 그 목표를 향해 퍼팅 연습을 한다.

보다 실전적인 연습 방법으로써, 컵 주위에 표시를 해두고 그 표시를 목표 지점으로 삼아 퍼팅 연습을 한다. 코스에서 '컵의 우측' '컵의 앞쪽을 겨냥하여' 등 캐디로부터 목표 지점에 대한 어드바이스를 받기도 한다. 이 연습을 통해 목표 지점을 겨냥하는 버릇을 기른다.

우선 어느 표시를 겨냥하는가를 어린이에게 물어본 뒤 퍼팅을 하게 한다. 익숙해지면 장해물을 깔아놓은 후 목표 지점을 겨냥하여 퍼팅 연습을 한다.

좀처럼 겨냥한 대로 볼이 굴러가지 않을 경우에는 어드레스시의 페이스의 방향을 확인한다.

컵의 전후좌우에 눈에 띄는 마크를 붙인 후 먼저 어느 마크를 겨냥할 것인가에 대한 의식을 가진 후 퍼팅 연습을 한다.

볼을 치는 것에 익숙해지면 다음은 실전 연습이다.
여러 가지 상황을 상정한 연습과 집중력을 길러
퍼팅 실력을 향상시키자.

라운딩은 언제나 일발승부. 연습 스윙의 중요성을 알려주자.

평소 연습 중에 집중력이나 승부 의식을 익혀두는 것이 중요하다. 골프의 경우 특별한 예외를 제외하면 재차 볼을 치는 경우는 없다. 연습 때부터 매번 집중해서 스윙을 하는 버릇을 기르자.

처음엔 아무런 말 없이 퍼팅을 시키고, 볼이 좀처럼 컵 안에 들어가지 않을 경우에 연습 스윙을 시키면서 볼이 컵 안에 들어가는 것을 연상하게 한다. 단지 '연습 스윙을 하라'고 지시할 것이 아니라, 한 번의 스윙으로 정확히 컵 안에 볼을 넣기 위한 준비 동작으로 연습 스윙이 필요하다는 사실을 일러둔다. 이러한 연습 스윙을 함으로써 실제 스윙을 할 때 집중력이 높아진다.

두세 명이 줄 지어 동시에 같은 컵을 목표로 퍼팅을 한다.

퍼팅 매트나 연습 그린에서 같은 라인 상에 볼을 두고 두세 명이 동시에 퍼팅을 한다. 몇 번 해보면 타이밍이 맞아 전원 컵 안에 볼이 들어간다. 어느 정도 익숙해지면 서로 위치를 바꾸어 재차 연습을 한다.

이 연습은 특히 컵에서 가장 가까운 사람을 위한 효과적인 연습법이다. 퍼팅시에 무심결에 클럽이나 볼의 행방을 쫓는 버릇이 생긴다. 그러나 이 연습은 자기 앞을 통과하는 볼을 볼 수 있기 때문에 자연히 볼에 집중할 수 있다.

어드레스와 퍼팅하는 법

퍼팅에서도 어드레스가 중요하다. 라인 상의 양 끝부분에 나무젓가락을 꽂고 줄로 연결한 후, 볼과 줄이 보이는 모양을 비교하면서 퍼팅을 한다.

어린이에게 '눈이 볼의 정면 위에 위치하도록'라고 말해도, 그 말이 무엇을 의미하는지 잘 이해하지 못한다. 우선 볼과의 거리에 따라 볼과 컵이 달리 보인다는 사실을 체험하는 것이 중요하며, 그 다음에 줄에 따라 곧바로 퍼팅을 하는 연습을 한다.

볼과의 거리와 볼이 보이는 모양

볼이 줄 바로 밑에 위치하도록 거리를 조절한다. 컵도 줄 바로 밑에 있는 것처럼 보인다. 목표 방향과 줄이 일치하기 때문에 단순히 볼이 줄 밑을 굴러가면 컵 안에 볼이 들어간다는 사실을 잘 알 수 있다.

볼이 줄보다 몸쪽에 있는 것처럼 보인다. 그리고 컵도 줄보다 몸쪽에 있는 것처럼 보인다. 볼을 굴리려고 하는 방향과 줄(볼과 컵의 연장선 상에 있는 선)이 일치하지 않기 때문에 목표를 정하기 힘들다.

선의 위치가 볼과 가깝기 때문에 줄 바깥쪽에 볼이 있는 것처럼 보인다. 이 경우도 볼을 굴리려고 하는 방향과 줄이 일치하지 않기 때문에 목표를 정하기 힘들고 스윙의 기준도 정하기 힘들다.

퍼팅에서도 어드레스가 중요하다.
우선 목표 방향과 일직선이 되도록 어드레스를 취한 후,
정확한 스윙으로 퍼팅을 하는 것부터 시작하자.

체크 포인트
● 볼과의 거리가 적절한가
● 확실한 스윙으로 퍼팅을 하는가

자연스러운 몸 움직임으로 완만한 호를 그리는 것처럼 퍼팅을 한다.

'퍼팅에 형태 없다' 라고 모두들 말하지만, 어린이에게 퍼팅을 지도할 때에는 가장 단순한 방법을 사용한다. 퍼팅을 할 때에도 몸 동작에 맞추어 퍼터의 헤드가 정확하게 호를 그리도록 가르침으로써 거리나 클럽에 따라 스윙 동작을 바꿀 필요가 없다는 사실을 일러둔다. 그리고 처음부터 이것저것 어려운 기술을 가르쳐 어린이가 혼동하지 않도록 한다.

동전을 떨어트리지 않도록 퍼팅을 한다.

안정된 퍼팅을 하기 위해서는 몸 움직임에 무리가 없는 안정된 스윙 동작을 취할 필요가 있다. 안정된 스윙 동작이란 볼을 맞히러 가는 듯한 느낌이 아니라, 스윙 도중에 볼이 있다는 느낌으로 스윙하는 것을 말한다. 그리고 거리는 스윙 폭의 크기로 조절한다. 이러한 스윙 동작에 익숙해지면 퍼터 뒤에 동전을 올려 놓더라도 동전을 떨어트리지 않은 채 퍼팅을 하는 것이 가능해진다.

볼을 맞히러 가는 스윙을 하면 충격에 의해 동전이 떨어진다. 이러한 스윙은 거리감을 손으로 조절하기 때문에 일정한 거리감을 얻기 힘들다.

어프로치의 기본

어린이에게 어프로치를 가르칠 때, 우선 중요한 것은 특별한 의식을 지니지 않게 하는 것이다. 퍼팅할 때 사용하는 퍼터를 단지 다른 클럽으로 교체함으로써 어프로치를 할 수 있다는 정도로만 이해시킨다. 어프로치에 대한 서투른 의식을 지니지 않게 하기 위하여 어프로치를 특별한 것이라고 가르치지 않는다.

실제로 어프로치는 퍼팅과 마찬가지로 단지 클럽이 다르다는 사실 이외에 기술적인 면에서 다른 점이 없다. 여러 가지 클럽으로 탄도의 차이를 익히는 것부터 시작하자.

어프로치도 놀이 삼아 하는 것이 중요하다. 눈앞에 장해물을 두고 볼을 쳐 그것을 넘기는 연습부터 시작한다. 처음에는 낮은 장해물을 두고 시작하여, 어느 정도 익숙해지면 휴지통 등 높은 장해물을 두고 넘기는 연습을 한다. 나아가서는 볼이 장해물을 뛰어넘은 후 밑으로 빠져나갈 수 있도록 다른 물건을 하나 더 설치하고, 퍼팅 연습 때와 마찬가지로 너비 게임과 원 게임을 연습한다. 여러 가지 클럽을 사용하여 어프로치 연습을 함으로써, 각각의 클럽 특성을 익힌다.

볼이 휴지통을 뛰어넘어 그 앞에 놓여 있는 테이블 밑으로 굴러가는 연습을 한다. 여러 가지 클럽으로 어프로치를 하여 클럽의 차이점을 이해한다.

로프트에 따른 탄도의 차이

장해물의 높이나 착지점에 맞추어 클럽을 바꾸어 가면서 로프트의 차이를 실제로 확인하자. 클럽에 따라 어느 정도 탄도의 볼이 나오며 낙하 후에 어느 정도 굴러가는지를 체험함으로써, 실전에 많은 도움을 얻을 수 있다.

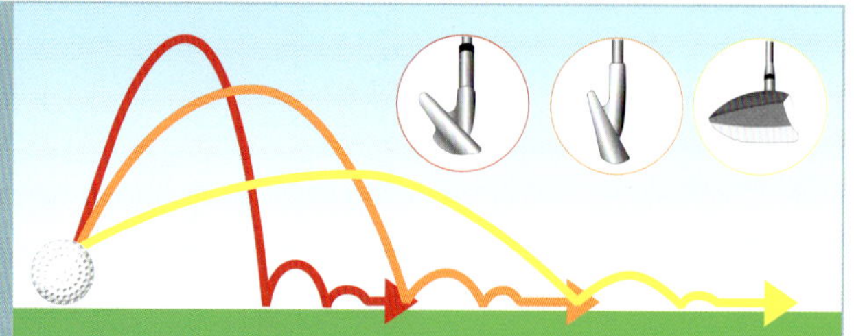

어린이에게 '어프로치 기술'에 대해 특별히 가르칠 필요가 없다.
단순히 퍼팅의 연장선 상에 어프로치가 있다는 감각을 가지게 하자.

웨지 하나로 어프로치와 퍼팅을 한다.

어프로치용 그린 등에서 웨지 하나로 연습을 한다. 이것은 페이스의 특성을 익히기 위한 연습이다. 웨지 하나로 페이스의 경사를 조절함으로써 자신이 원하는 궤도의 볼을 칠 수 있도록 가르친다.

우선 어린이가 하고 싶은 대로 어프로치를 하게 하여, 잘 안될 때 어떤 볼을 치고 싶은가를 물어본 후, 그런 볼을 치기 위해서는 페이스를 어떻게 사용해야 되는가를 질문한다.

이때 그 자리에서 답을 가르쳐주지 않도록 주의한다. 힌트를 주면서 어린이 스스로 생각한 후 답을 하는 것이 중요하다. 어린이 스스로 생각하는 버릇을 익히면 그만큼 골프 숙달도 빨라진다.

페이스 사용법

로프트를 그대로 사용한 통상의 스윙.

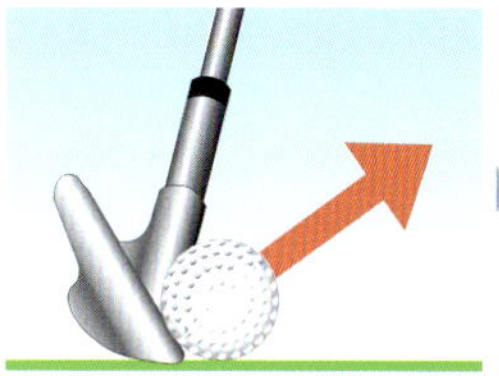

런이 나오는 어프로치를 할 때에는 로프트를 세워 스윙을 한다.

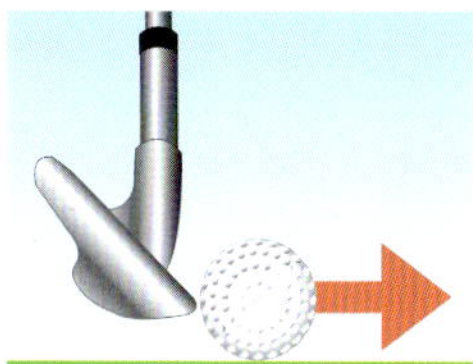

페이스의 밑부분(블레드)으로 볼을 맞혀 굴린다.

통상의 어프로치. 핀까지의 거리를 계산한 후, 스윙 폭에 따라 볼의 탄도와 런이 어떻게 변하는지를 확인한다.

페이스를 세우면 로프트가 없어진다는 사실을 외워둔다. 로프트를 세우면 런이 많이 나는 어프로치가 되며, 런닝 어프로치를 구사할 때 효과적이다.

그린 위에서 볼을 곧바로 굴리기 위해서는 웨지의 가장 밑부분(블레드)을 퍼터처럼 사용한다. 이 방법으로 페이스의 방향을 조절하는 감을 익힐 수 있다.

Column.3

골프는 '시켜서 하는 운동'이 아니라 '스스로 하는 운동'이다

내가 골프를 시작한 것은 두 살 때이다. 너무나 어렸기 때문에 골프를 시작한 계기를 정확히 기억하지 못하지만, 아버지가 골프 연습장을 운영하고 있었기 때문에, '연습장에 가면 아버지를 만날 수 있다'고 생각한 것이 계기라고 할 수 있다. 아버지 말에 따르면 그 당시 내 키보다 훨씬 큰 클럽을 메고 매일 연습장에 갔다고 한다.

그러나 한번도 아버지에게서 엄격한 지도를 받았던 기억이 없다. 어느 날 돌이켜보니, 볼을 치는 것이 재미있어 골프에 열중하고 있던 나를 발견했다. 회상해 보면, 골프 코치인 아버지로부터 세세한 부분에 대한 지도를 받았던 기억이 전혀 없다.

프로필

카타야마 싱고
1973년 1월 31일, 이바라끼현 출신
2살반 때 골프를 시작하여, 중학교 때 주니어대회 우승. 미즈끼 고등학교 시절에 국가대표 선수로 활약. 일본대학 재학시에 일본아마, 일본오픈 최우수 아마추어 선수 등 33개의 타이틀을 획득. 95년 프로 전향 후 척추 헤르니아 수술을 극복하고, 99년 산코 그랜드 섬머에서 첫 우승. 2000년 상금왕

내가 처음 라운딩을 한 것은 다섯 살 때이다. 코스에서의 라운딩은 연습장과는 완전히 다른 별세계로 느껴졌으며 금세 라운딩에 재미를 느꼈다. 학교가 쉬는 토요일이나 일요일에도 아버지는 연습장을 운영했다. 그래서 아버지는 아침 일찍 나를 골프장에 데려다 준 후 라운딩이 끝날 무렵에 나를 데리러 오셨던 기억이 난다. 지금은 고인이 되셨지만 그때 18번 홀 그린 옆에 서서 골프에 빠져 있던 나를 지켜보고 계셨던 아버지의 모습이 지금도 생생하다.

이런 식으로 골프가 좋아졌기 때문에, 고등학교나 대학교 때 선후배 관계를 중요시하는 엄격한 체육 서클에 들어가서도 한번도 골프를 그만두겠다고 생각한 적이 없었다.

어린이에게 최소한으로 필요한 골프 룰이나 매너 등을 가르치지 않을 수는 없지만, 처음부터 기술적인 부분을 이것저것 가르칠 필요는 없다. 어린이 스스로 자유스러운 분위기 속에서 골프를 즐기게 하는 것이 가장 좋은 지도 방법이라고 생각한다. 왜냐하면 골프는 '시켜서 하는 운동'이 아니라, 스스로 '즐기면서 하는 운동'이라고 생각하기 때문이다.

제4장

벙커 샷

Bunker Shot

벙커 샷의 개념

'자녀와 함께 하루라도 빨리 라운 딩을 하고 싶다' 란 생각을 가진 부모들이 많이 있을 것이다. 그런데 라운딩할 때 한 가지 걸리는 곳이 벙커다. 벙커 샷은 연습장에서는 좀처럼 연습할 수 없는 샷이기 때문이다.

어른들 중에도 벙커 샷이 서투른 사람이 많다. 그러나 중요한 것은 자녀에게 벙커 샷에 대한 선입감을 심어주지 않는 것이다. '코스에는 이런 곳도 있는데, 벙커 안에서는 이런 식으로 스윙을 하면 된다' 라는 식으로 가볍게 가르치는 것으로 충분하다.

벙커 샷의 경우도 특별한 경우의 라이를 제외하면, 웨지를 잡고 보통 때처럼 스윙을 하면 그것으로 끝이다. 벙커에 자신이 없는 어른 일수록, 자신의 벙커 샷에 대한 느낌과 익혔던 기술을 그대로 자녀에게 주입하려는 경향이 크다. 예를 들어 '몸을 왼쪽으로 향하고 페이스를 열어라' '볼의 뒷부분을 때려라' '핸드 퍼스트로 어드레스를 하라' … 식의 어드바이스를 하기 쉽다. 그러나 이러한 어드바이스가 어린 자녀에게 전혀 도움이 되지

않는다는 사실을 느끼기 바란다. 벙커 안에서는 단순히 여느 때처럼 스윙을 하게 하라.

벙커 안에서 어드레스를 할 때는 모래에 클럽이 닿아서는 안 된다는 사실을 가르치자.

보통 때와 같은 샷의 감각으로 스윙을 하게 하라. 선입관을 심어주지 않는 것이 중요하다.

어린이에게 벙커 샷을 가르칠 때 가장 중요한 것은 벙커 샷에 대한 특별한 의식을
가지지 않게 하는 것이다. 왜냐하면, 부모가 벙커 샷에 서툴다는 의식이 있더라도,
그런 의식을 전혀 가지고 있지 않은 어린이는 어렵지 않게 벙커 샷을 구사할지도 모르기 때문이다.

올려치는 것은 금물. 그렇다고 일부러 내려치는 듯한 스윙도 금물이다. 보통 때처럼 스윙을 하라.

벙커 샷은 클럽 헤드를 모래 속에 처박는 듯이 내려쳐야 한다고 생각할지 모르지만, 핸드 퍼스트 자세를 취한 후 무리하게 클럽을 내려치면 페이스가 모래 속에 잠겨버릴 뿐 좋은 결과를 기대할 수 없다.

　벙커 샷은 웨지를 잡고 평소처럼 스윙하는 것으로 충분하다. 그리고 벙커 샷은 러프에서 스윙을 하는 것과 요령이 동일하다.

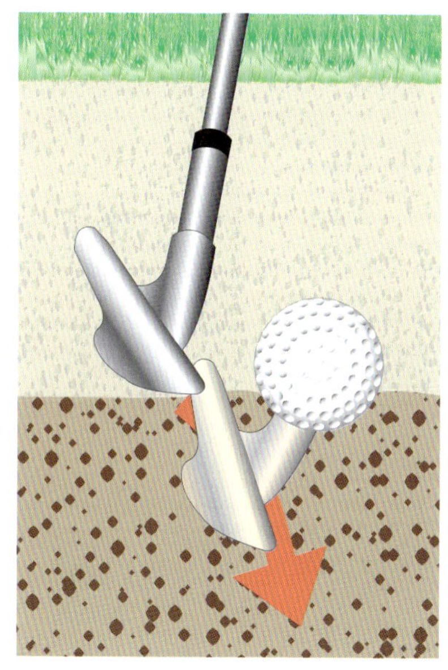
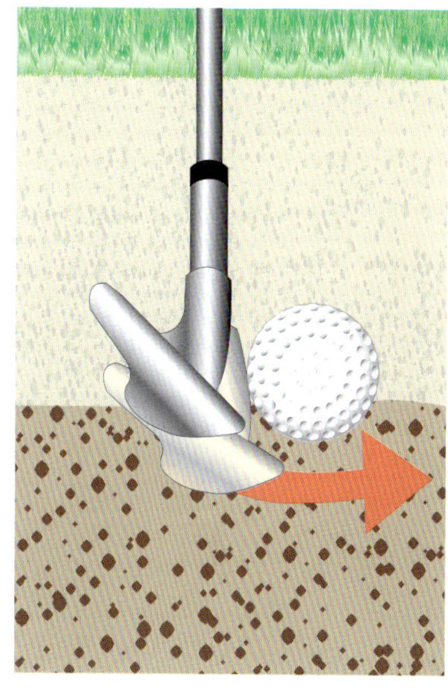

웨지를 잡고 보통 때처럼 스윙을 하면 자연히 모래를 얇게 떠내는 것이 가능하다

린까지의 거리가 짧은 경우에도 홈런을 두려워하지 말고 평소처럼 확실하게 스윙을 하라.

벙커 샷의 이미지

벙커 샷의 요령은 클럽으로 모래를 얇게 떠서 날리면 된다고 말하지만, 벙커 샷을 자주 연습하지 않는 이상 대부분의 골퍼가 그러한 이미지를 가지기 힘들다.

그러므로 평상시 연습 가능한 방법으로, 잡초가 자라 있는 곳에서 잡초를 제거하는 식으로 스윙 연습을 하기 바란다. 이 '잡초 깎기 샷'이야말로 벙커 샷의 기본이다. 웨지를 잡고 헤드 스피드를 조금 빨리 가져가는 느낌으로 클럽을 휘두르는 스윙을 벙커 샷에 적용하면 그것이 바로 모래를 얇게 떠서 날리는 샷이 된다.

앞에 놓여 있는 세수 대야에 모래를 날려서 넣는 이미지

벙커 샷에서 어린이에게 볼을 의식하게 하는 것은 NG. 볼을 의식하기 시작하면 자연히 볼의 밑부분을 올려 치려는 의식이 생기게 되어 결과적으로 모래를 퍼올리는 꼴이 되어버린다. 벙커 샷은 모래를 날려버리는 이미지를 지닌 채 스윙을 하는 것이 중요하며, 이러한 이미지는 벙커 전방에 놓여 있는 세수 대야에 모래를 날려 보낸다는 이미지라고 할 수 있다. 처음부터 모래를 날리는 것만이 목적이라고 일러두면 어린이는 다른 것에 신경을 쏟지 않은 채 클럽을 휘두를 수 있을 것이다. 그리고 모래를 날린 결과, 겸사겸사 모래 위에 놓여 있던 볼도 함께 날아간다는 이미지를 가지게 하자.

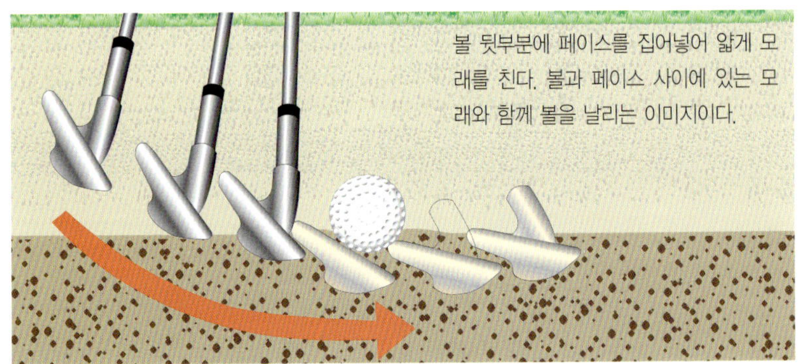

볼 뒷부분에 페이스를 집어넣어 얇게 모래를 친다. 볼과 페이스 사이에 있는 모래와 함께 볼을 날리는 이미지이다.

벙커에서는 볼을 때리는 것이 아니라,
볼 밑에 있는 모래를 날리는 이미지를 가지는 것이 중요하다.
볼을 의식하기 시작하면 모래 속에 헤드가 들어가기 쉽다.

체크 포인트

● 볼 밑에 있는 모래를 의식하고 있는가
● 주저하지 않고 정확하게 스윙을 할 수 있는가

모래로 만든 티에 볼을 올린 채, 모래 티와 함께 볼을 전방으로 날리듯이 스윙을 한다.

벙커 안에서 모래를 쌓아 올려 그 위에 볼을 두고, 볼과 모래를 함께 날리는 연습을 하자. 너무 밑부분을 때리게 되면 모래만 날릴 뿐이고, 볼만 때리면 모래는 그대로 남아 있게 마련이다.

볼의 어느 정도 밑부분을 때려야 볼과 모래를 함께 날릴 수 있는가를 체험하게 하자. 익숙해지면 모래 티의 높이를 조금씩 낮게 하여 연습을 하며, 마지막에는 보통의 벙커 샷처럼 모래 위에 볼을 둔 채로 연습한다.

볼의 위치를 낮추면서 연습할 때, 무릎과 허리의 각도를 낮추어 중심을 낮게 가져가는 것이 중요하며, 손만으로 모래를 때리는 스윙이 되지 않도록 주의를 한다. 고무 치기 연습에서 티를 조금씩 낮추어 가는 것과 동일한 연습 효과를 얻을 수 있다.

벙커 샷 연습법 -1-

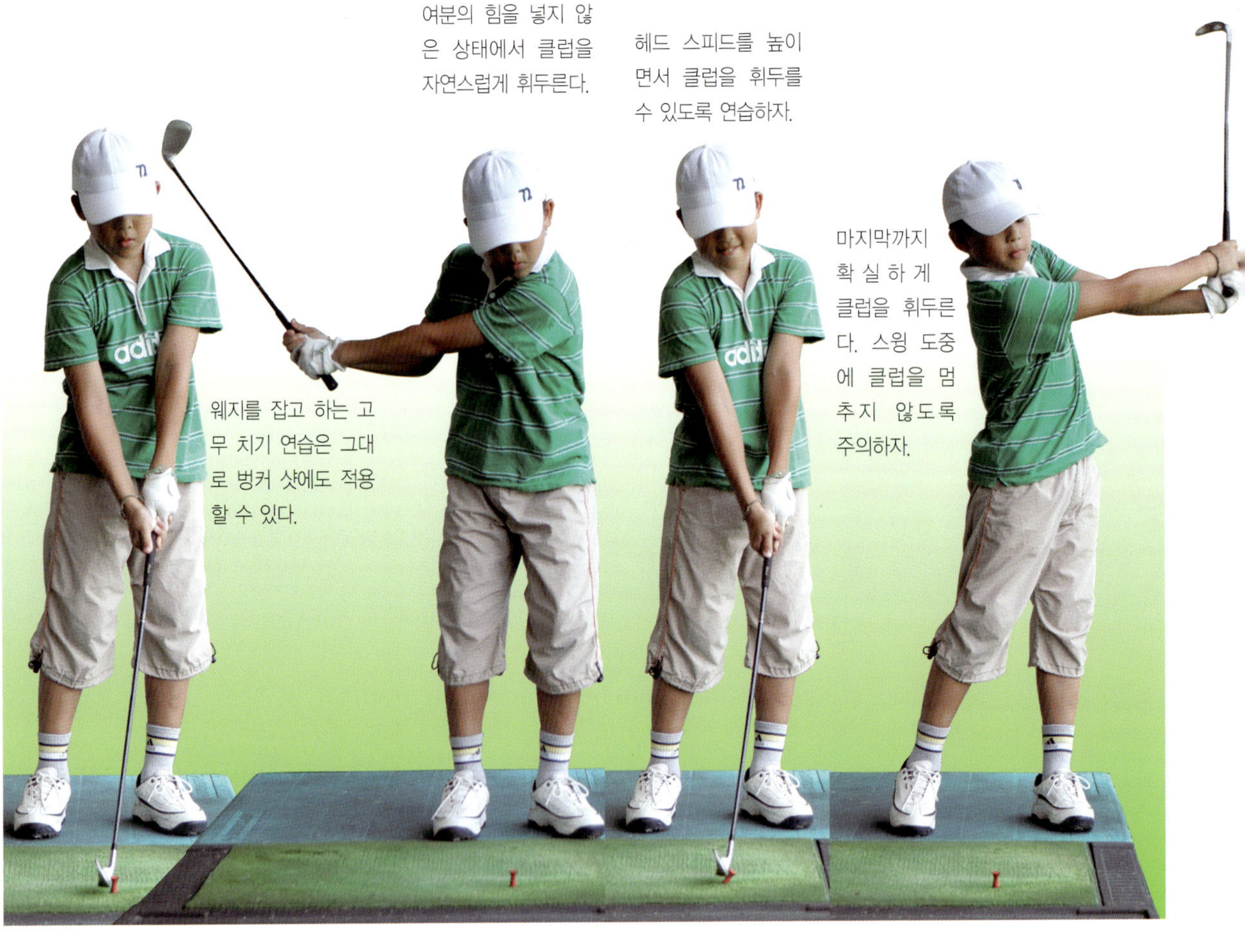
여분의 힘을 넣지 않은 상태에서 클럽을 자연스럽게 휘두른다.
헤드 스피드를 높이면서 클럽을 휘두를 수 있도록 연습하자.
마지막까지 확실하게 클럽을 휘두른다. 스윙 도중에 클럽을 멈추지 않도록 주의하자.
웨지를 잡고 하는 고무 치기 연습은 그대로 벙커 샷에도 적용할 수 있다.

웨지를 잡고 바운스를 미끄러지듯이 가져가는 벙커 샷의 요령은 특별한 느낌이 들지 모른다. 그러나 이 요령은 여태까지 아이언 샷에서 했던 것과 동일하다. 단지 웨지의 경우 바운스가 있고 샤프트의 길이가 짧기 때문에 그렇게 느끼기 쉬울 뿐이다.

고무 치기 연습이 가장 효과적이며, 모래가 없어도 연습장에서 벙커 샷 연습을 할 수 있다.

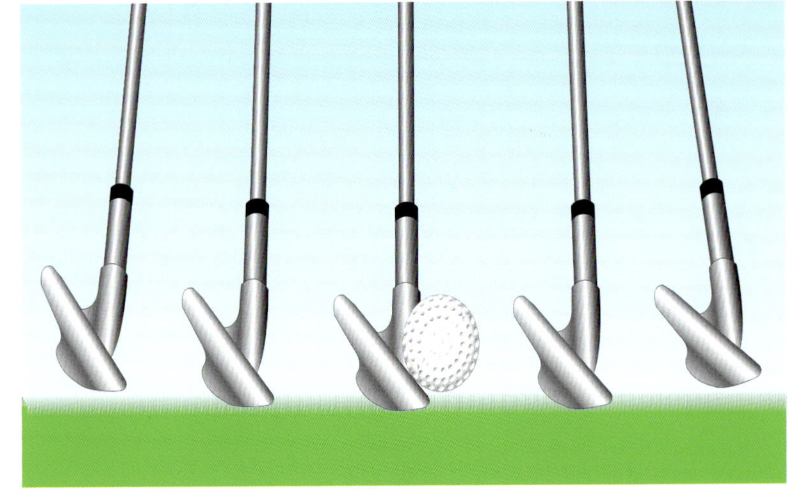

모래가 없어도, 연습장이나 정원에서 벙커 샷 연습을 할 수 있다.
앞에서도 말했듯이
벙커 샷은 결코 특별한 샷이 아니다.

체크 포인트

- 고무를 맞히러 가지는 않는가
- 확실히 헤드가 빠져나가는가

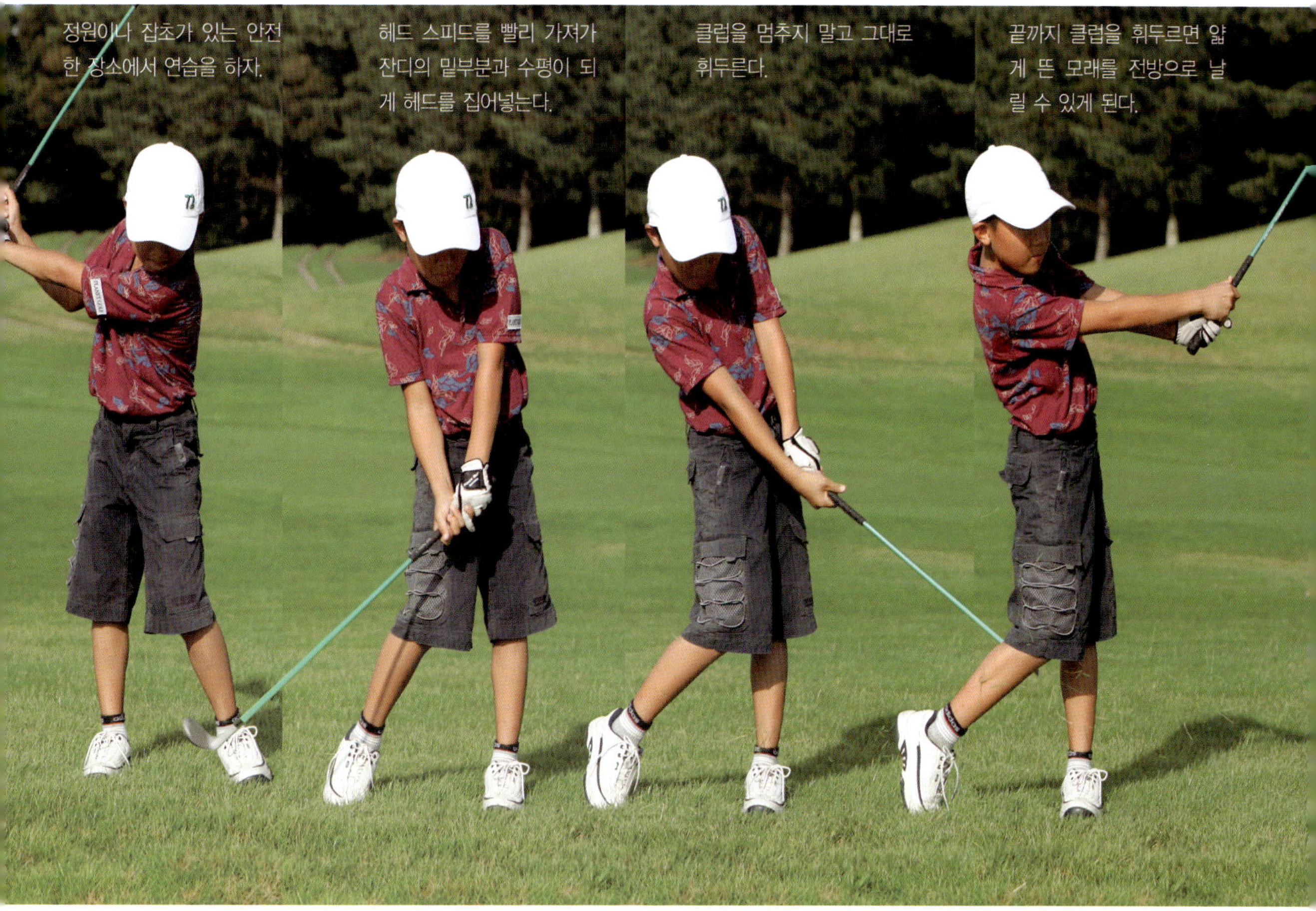

정원이나 잡초가 있는 안전한 장소에서 연습을 하자.

헤드 스피드를 빨리 가져가 잔디의 밑부분과 수평이 되게 헤드를 집어넣는다.

클럽을 멈추지 말고 그대로 휘두른다.

끝까지 클럽을 휘두르면 얇게 뜬 모래를 전방으로 날릴 수 있게 된다.

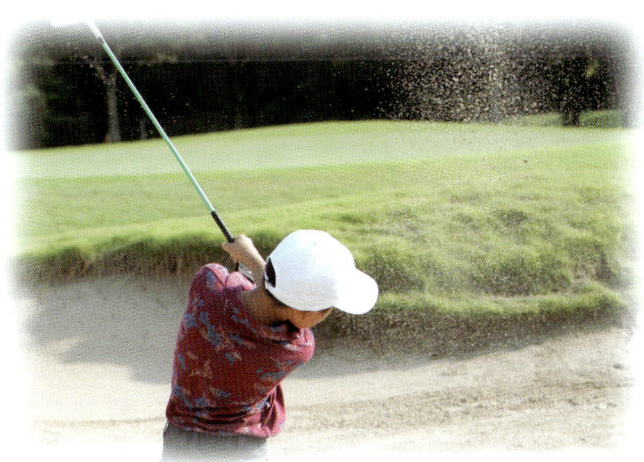

러프에서 '잔디 깎기 샷'을 연습하자.

러프에서 잔디 깎는 연습을 해두면 벙커 샷에도 응용할 수 있다. 잔디를 깎기 위해서는 잔디의 밑부분에 클럽이 수평이 되도록 헤드를 집어넣을 필요가 있다. 그리고 헤드 스피드를 어느 정도 빠르게 가져가지 않으면 간단히 잔디를 깎을 수 없게 된다. 러프에서 필요한 이 두 가지 요소가 바로 벙커 샷의 기본과 동일하다. 장소를 물색해 평소에 이 샷을 연습해 두자.

어디서나 할 수 있는 벙커 샷 연습으로 '휴지 줍기'가 있다. 지면이나 연습 매트 위에 휴지를 놓고, 웨지를 잡고 스윙을 하여 휴지를 줍는 아주 단순한 연습 방법이지만 실제로 해보면 휴지 줍기가 그다지 쉽지 않다는 사실을 알게 된다.

헤드를 위에서 급하게 내려치면 휴지는 찢어져 버리며, 휴지 바로 옆 방향에서 지면을 쓸어내듯이 헤드를 움직이지 않으면 휴지를 주울 수가 없다.

이 연습을 통해 웨지의 바운스를 미끄러지듯이 사용하는 감각을 익힐 수 있다. 샌드 웨지는 아이언과는 달리 지면에 걸리적거리지 않도록 바운스가 붙어 있기 때문에 이러한 클럽의 특성을 잘 살린 스윙을 해야 한다.

웨지의 바운스는 왜 필요한가

바운스의 영어 철자는 'bounce'로 [튀다]란 의미이다. 샌드 웨지 솔 부분의 툭 튀어나온 부분을 바운스라고 하며, 벙커 샷을 할 때 이 바운스가 모래의 저항에 의해 위로 튀어 올라가기 때문에, 페이스가 모래 속에 잠기더라도 모래와 함께 볼을 벙커 밖으로 내보낼 수 있도록 만들어져 있다.

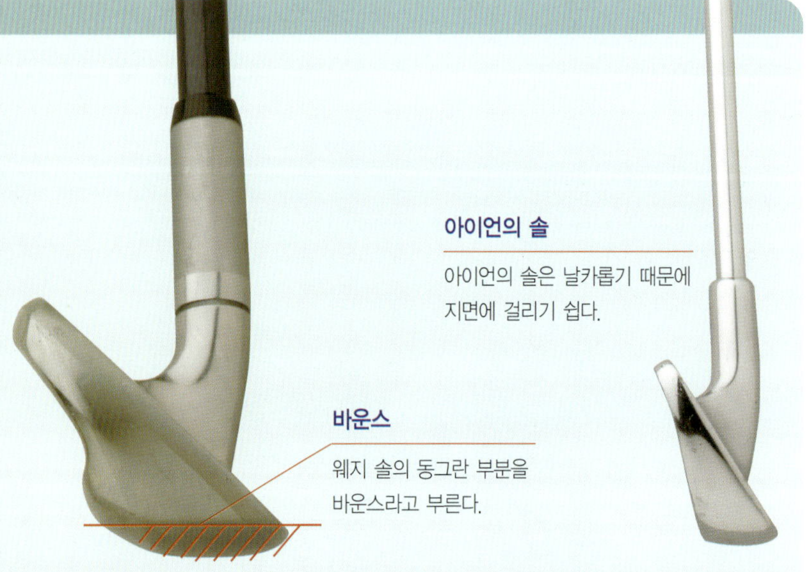

웨지 페이스의 형태에 속지 말고 곧바로 스윙을 한다.
페이스를 조금 연 상태가 볼을 곧바로 날리기 쉬운 듯이
보이는 것은 눈의 착각이다.

체크 포인트

- 바운스가 미끄러지는 듯한 스윙을 구사할 수 있는가
- 헤드 스피드를 빠르게 가져가면서 클럽을 휘두를 수 있는가

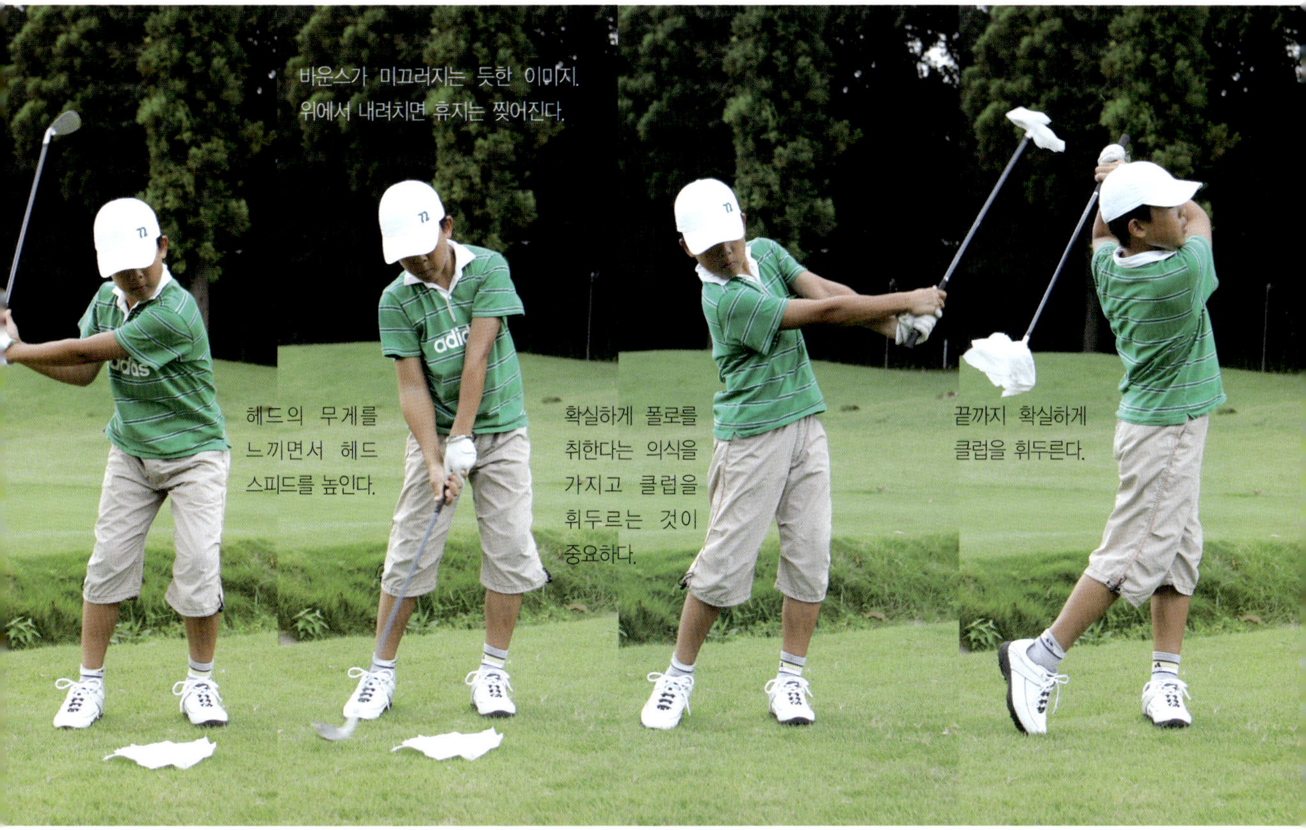

페이스의 방향에 주의한다.

웨지는 페이스의 형태가 조금 오른쪽을 향하고 있어도 일직선으로 보이는 특성을 가지고 있다. 그러므로 페이스를 조금 눕히더라도 핸드퍼스트로 어드레스를 취하면 페이스가 일직선으로 된 듯한 착각에 빠진다. 그 상태에서 스윙을 하면 헤드가 모래 속에 빠져들어가 버린다. 이렇듯이 페이스를 눕혔다고 느낄지라도, 실제로는 페이스가 서 있는 실수를 범하기 쉽기 때문에 주의하기 바란다.

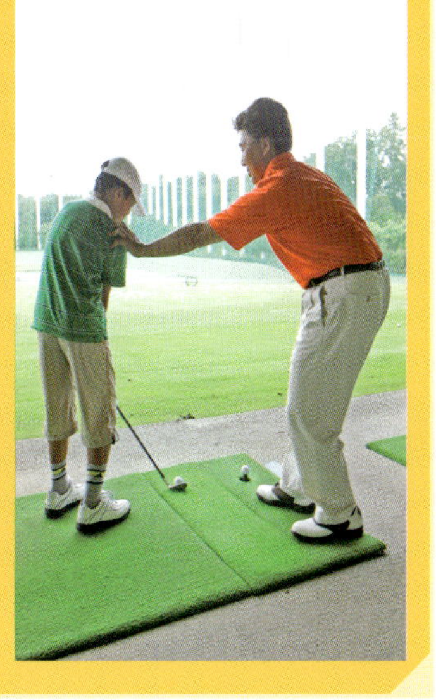

흔히 있을 법한 어른들의 NG

'몸을 왼쪽으로 향하고 페이스를 열어라'

바운스가 미끌어지는 효과를 더 크게 하기 위하여, 또는 로프트를 더 크게 하기 위하여 페이스를 열라고 말하는 사람을 자주 보지만, 이것은 잘못된 것이다. 이런 식으로 스윙을 하면 페이스가 볼에 대해 비스듬히 컷 방향으로 들어오기 때문에 볼을 날리기 힘들다. 그리고 볼을 날리려는 의식 때문에 힘이 들어가 클럽을 위에서 내려치는 듯한 스윙이 되기 쉽다. 그 결과 페이스가 점점 모래 속으로 들어가 힘이 없는 어린이는 끝까지 클럽을 휘두를 수 없을 정도의 부하가 걸리게 된다.

페이스를 바르게 여는 법

지금까지 벙커 안에서의 샷도 보통 때의 스윙과 별로 다르지 않다고 설명하였지만, 상황에 따라서 예외가 있다. 예를 들어, 벙커의 턱 근처에서 샷을 구사할 때 평소처럼 로프트가 있는 상태에서 스윙을 하면 볼이 벙커 턱에 걸리는 경우가 생긴다.

이러한 상황에서는 페이스를 열어 로프트를 크게 할 필요가 있다. 그러나 아무 생각 없이 페이스를 열어버리면 컷 스윙이 되어버릴 우려가 있다. 미스 샷을 범하지 않도록 페이스를 바르게 여는 법을 익히자.

가슴 앞에서 클럽을 잡고 페이스가 일직선이 되게 한다.

1

그 자세에서 클럽을 새로 잡아 페이스만 조금 연다.

2

그 상태에서 클럽을 밑으로 내린다.

3

벙커 샷의 기본 스윙은 다른 클럽의 스윙과 동일하다.
그러나 상황에 따라 페이스를 연 상태에서 샷을 해야 하는 경우가 생긴다.
페이스를 올바르게 여는 법을 익히자.

체크 포인트
● 올려 치는 스윙을 하고 있지는 않은가
● 지나치게 핸드 퍼스트를 취하고 있지는 않은가

어린이에게 핸드 퍼스트를 권장하지 않는 이유

어드레스를 취한 다음 페이스를 열면 핸드 퍼스트로 되어버리기 쉽다. 이 자세에서 스윙을 하면 자연히 클럽을 위에서 밑으로 내리는 스윙이 된다. 이런 동작을 실제 벙커에서 실행하면 페이스가 모래 속 깊이 파묻혀 어린이의 힘으로는 클럽이 빠져나올 수가 없다. 그리고 이런 스윙을 하면 볼을 띄우려는 의식이 작용하여 손만을 이용한 올려치는 스윙이 되어버린다. 어떤 경우든 페이스가 열린 상태이기 때문에 볼은 오른쪽으로 날아간다.

가슴 앞에서 페이스를 열면 페이스가 회전하기 때문에 수월하게 칠 수 있다.

가슴 앞에서 페이스를 연 후 어드레스를 취하는 동작의 최대 장점은 핸드 퍼스트가 되지 않는다는 점이다. 그립의 강약도 여느 때처럼 여유를 가진 상태에서 무리 없는 스윙을 할 수 있다.

느슨한 그립의 상태에서 페이스를 열고 스윙을 하면, 모래를 때리는 순간 충격에 의해 페이스가 회전한다. 최초에 모래에 닿는 솔의 샤프트 축을 중심으로, 모래를 떠올릴 때 클럽 페이스가 회전한다. 그 결과 페이스가 열린 상태라 더라도 볼을 목표 지점으로 날리는 것이 가능하다.

헤드를 지면에 둔 상태에서 페이스를 열면 핸드 퍼스트가 되기 쉽다. 그 결과 컷 스윙이 되거나 올려치는 스윙이 되기 쉽다.

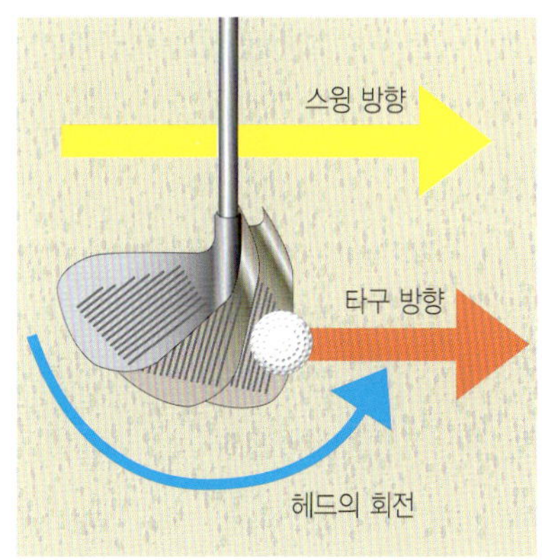

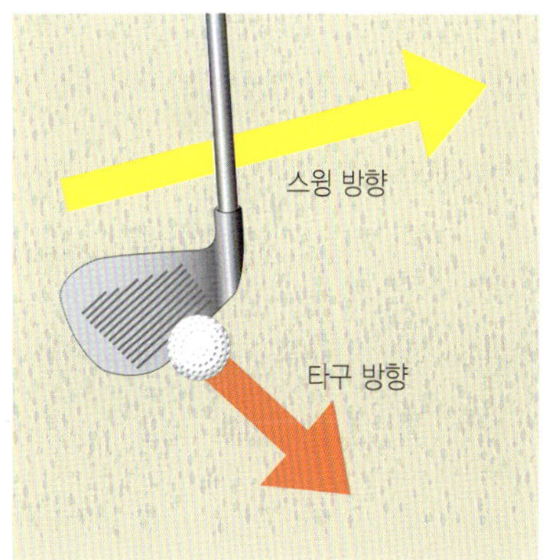

숟가락으로 아이스크림을 뜨는 듯한 형태로 페이스가 회전한다

왼쪽 윗그림이 페이스가 회전한 경우, 볼이 날아가는 방향이다. 샤프트 측(힐 측)을 축으로 페이스가 회전하면서 볼 밑부분의 모래를 얇게 치기 때문에 로프트를 세울 필요 없이 모래와 함께 볼을 전방으로 날리는 것이 가능하다.

한편, 페이스를 연 상태에서 핸드 퍼스트로 어드레스를 취한 후 스윙을 하면(오른쪽 그림), 볼에 대해 비스듬히 페이스가 들어오기 때문에 페이스가 향한 방향으로 볼이 날아가게 된다.

어린이의 자주성을 존중하고
'좋아하는 것'을 찾아준다

골프를 시작한 것은 중학교 3학년 때였다. 그러나 실제로 처음 골프를 접한 시기는 초등학교 6학년 시절이었는데, 그 당시에는 골프보다 주로 야구를 하면서 놀았다. 골프는 어느 날 친구가 골프 클럽을 가지고 스윙을 하는 모습을 보고 옆에서 몇 번 따라 해본 것이 전부이다.

중학교 때에도 야구 부원들과 함께 연습 후에 골프 볼을 치면서 놀았던 기억이 있다. 그때 볼을 때렸을 때 야구 공보다 골프 공이 멀리 날아간다는 사실이 참으로 신기했다. 그리고 야구 서클 활동 후에 야구 부원들과 이따금 공원에서 구멍을 판 후 골프를 즐기기도 하였다.

고등학교 때에는 야구부 서클 활동을 하지 않았다. 그 당시엔 골프 연습장에 갈 형편이 아니었기 때문에, 공원 등에서 혼자 골프 연습을 하였다. 그 후 아르바이트로 캐디를 하면서 본격적으로 골프 연습을 하였는데 주로 잡지를 보면서 혼자서 했다.

나의 경우, 주위에 골프를 하는 친구가 없었기 때문에 우연히 골프를 알게 되었고, 나도 모르는 사이에 골프에 푹 빠졌던 것 같다.

어린이에게 골프를 가르치는 것은 권장할 만한 일이지만, 다른 스포츠나 공부에 흥미를 가지기 시작했다면 그쪽에도 관심을 가지고 어린이의 의지나 자주성을 존중하는 것이 중요하다고 생각한다. 그리고 어린이가 하고 싶어 하는 대로 잘 유도하는 것이 부모의 바람직한 지도라고 생각한다.

나도 아빠가 된 지 얼마 안되지만, 가르쳐서 좋은 점과 좋지 않은 점, 제공해서 좋은 점과 나쁜 점에 대한 판단만 부모가 해준다면, 자녀들도 나의 경우처럼 자신이 하고 싶은 것을 스스로 찾게 될 것이다.

프로필

후지타 히로유끼
1969년 6월 16일 후쿠오카현 출생
중학교 3학년 때부터 독학으로 골프를 시작해, 92년에 프로로 전향. 그 후 수많은 토너먼트에서 우승을 하였으며, 지금은 상위 랭크의 단골 손님이다. 작은 체구지만 안정된 샷과 정확한 어프로치 기술은 프로 골퍼들 사이에서도 정평이 나 있다.

제5장
어린이의 감성을
기르는 연습법
Coordination
Training

어린이의 감성을 기르는 연습법

어린이의 장래를 위하여 어릴 때부터 감성을 연마하는 데 관심을 가지자.
단 지나친 스윙 연습은 금물. 놀이 삼아 즐기는 것이 중요하다.

이 장에서는 어린이의 감성을 풍부하게 만드는 연습법을 몇 가지 소개하고자 한다. 감성과 비슷한 의미로 자주 접하는 단어 중에 직감과 제6감이란 단어가 있다. 그러나 이러한 단어들은 모두 경험에 의거한 것들이며, 어떤 의미에서는 감성이란 것도 경험에서 터득하는 것이라고 할 수 있다.

성인이 되면 사물을 이성적으로 생각하는 능력이 풍부해지지만, 감성이란 나이를 먹으면 먹을수록 익히기가 힘들다. 특히 신체 감각에 대한 감성은 거의 대부분이 초등학교 시절에 정립된다고 해도 과언이 아니다. 그러므로 어린시절에 감성을 연마해 둔다면 스포츠 분야는 물론이거니와 그외 다른 여러 분야에서도 크게 성공할 수 있는 토대를 마련했다고 할 수 있다. 여기서는 주로 감촉, 신체를 사용하는 법, 시각에 대해 다루어 본다.

여기서 소개하는 연습의 효과를 당장에 눈으로 확인할 수는 없을지 몰라도 장래 반드시 어떠한 형태로든 어린이에게 도움이 된다고 확신한다. 그리고 어린이와 함께 놀이 삼아 시작한 이러한 연습을 통해 새삼 어린이의 빠른 적응력에 깜짝 놀랄 것이다.

그리고 여기서 소개하는 방법 이외에 '이 방법도 어린이의 감성을 기르는 데 도움이 될 것 같다' 라고 느낀다면 주저하지 말고 시험해 볼 것을 권장한다.

먼저 자신의 보폭을 잰 후, 거리를 맞히는 게임을 한다.

우선 시간적 여유가 있을 때 자신과 자녀의 보폭을 측정해 둔다. 그런 다음에 '여기서 저기 서 있는 나무까지의 거리가 얼마나 될까?' 란 게임을 한다. 실제로 나무까지의 거리가 몇 걸음인지를 측정하여 승부를 가린다. 평소에 이런 게임을 함으로써 절대적인 거리감을 몸으로 익힐 수 있다.

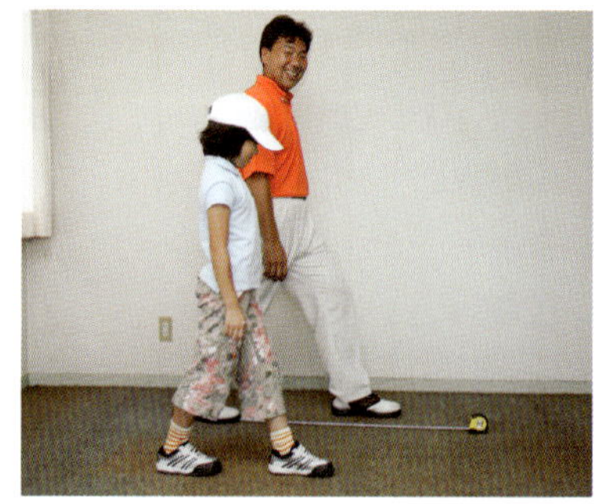

한번 자신의 보폭을 측정해 두면 거리감에 대한 기준이 생기며, 거리를 맞히는 게임을 할 때에도 실제로 걸어서 거리를 계측할 수 있어서 편리하다.

손바닥의 감각을 연마한다

그립을 잡는 방법은 페이스의 방향에 큰 영향을 미친다.
손바닥의 감각으로 클럽의 무게와 힘을 주지 않는 그립을
익혀두면 장차 어드레스로 고민하는 일이 없을 것이다.

페이스가 일직선이 되었을 때의 손바닥의 감각을 익혀두면 그립을 잡을 때 아주 편리하다. 시각에 의지하여 페이스의 방향을 조절하는 것은 자신도 모르는 사이에 착각을 일으킬 수 있으며, 올바른 목표 방향으로 페이스를 향하게 하는 것이 쉽지 않다.

반면에 인간의 감각은 정확하다고 할 수 있으며, 손바닥에 걸리는 클럽의 무게를 외워두면 감각의 정확성은 더욱 높아진다. 클럽 페이스가 일직선인 상태의 감각에 어느 정도 익숙해지면, 이번엔 페이스의 방향을 요리조리 바꾸어 페이스가 어느 쪽으로 기울어졌는가를 맞히는 게임을 하여 감각의 정확성을 배가한다.

눈을 감은 채 클럽을 상하로 흔들어, 페이스가 정면을 향했을 때의 그립의 느낌을 몸으로 익힌다.

페이스를 일직선으로 한 상태에서, 허리 높이까지 클럽을 들어 올려, 눈을 감은 채 좌우로 흔든다. 손의 감촉을 몸으로 익히는 것이 중요하다.

눈가리개를 한 채로 스윙을 하거나, 헤드를 잡고 클럽을 휘둘러 본다.

눈을 감은 채로 스윙을 하는 것도 좋은 연습 방법이다. 눈을 감으면 시각적인 목표가 사라지기 때문에 스윙 자체에 온 신경을 집중할 수 있다.

그리고 한 손에 클럽을 하나씩, 헤드 부분을 잡고 휘둘러 본다. 이 때 팔에 힘이 들어가면 클럽끼리 부딪히므로, 팔의 힘을 뺀 상태에서 클럽이 맞부딪히지 않도록 주의하면서 스윙 연습을 한다. 이 연습은 자신의 눈으로 직접 확인이 가능하므로, 금세 숙달될 것이다.

안정된 자세를 익힌다

신경 계통이 발달하는 시기인 초등학생 시절에
자유자재로 자신의 몸을 다루는 방법을 익힘으로써
시각에 헷갈리지 않는 감성을 배양한다.

퍼터를 가지고 캐치 볼을 해보자.
볼을 굴리고 싶은 방향으로 페이
스를 향하고 곧바로 치지 않으면
의도한 대로 볼이 굴러가지 않는
다. 즉 발을 움직이지 않은 채 손
을 뻗는 것만으론 원했던 방향으
로 볼을 굴릴 수가 없다. 언제나
동일한 자세로 볼을 칠 수 있도록,
발을 움직여 이동하는 것이 중요
하다.

　물론 볼의 스피드와 코스를 파악
하여, 굴리기 쉬운 장소를 예측한
다음 이동해야 한다. 이 놀이를 통
해 눈과 몸의 조화를 이룰 수 있다.

퍼터로 캐치 볼을 한다. 가끔씩
일부러 상대가 좌우로 움직이도
록 볼을 비스듬히 굴린다.

혼자서도 가능한 퍼터를 이용한 벽치기 연습

혼자서도 할 수 있는 연습이 벽치
기 연습이다. 이 연습에 어느 정도
익숙해지기 전까지는 곧바로 볼을
굴려, 움직이는 볼의 타이밍에 먼
저 익숙해지도록 노력한다. 그리고
벽을 맞고 되돌아오는 볼을 되받아
굴릴 수 있게 되면, 조금씩 각도를
주어 볼을 비스듬히 굴려 이동하면
서 퍼팅하는 연습을 한다.

　몸을 이동하면서 퍼팅할 때에 무
릎이 펴지면 다음 동작을 취하기
힘들다. 퍼팅 자세에 주의를 하면
서 연습을 하자.

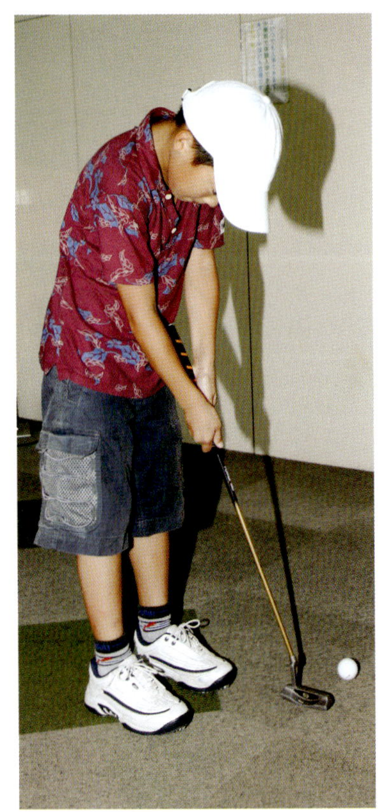

앞으로 발을 내디딘 상태에서 볼을 때린다. 손만을
이용하여 볼을 때리려고 하면 정확하게 볼을 맞히
지 못할뿐더러, 다음 동작을 취하기가 힘들다.

여러 가지 상황을 생각한 후 수건 휘두르기를 한다.

골프장에서는 언제나 편평한 장소에서 샷을 날리는 경우가 드물다. 코스에 나가보면, 왼발 쪽의 지면이 높거나 낮거나, 발뒤꿈치 쪽 지면이 높거나 낮은 등등 스탠스를 취할 수 있는 상태가 천차만별이기 때문에, 그때그때의 상황에 따라 샷을 구사해야 한다.

이러한 상황별 샷에 있어서도 기본적인 스윙 동작은 동일하지만, 지면이 편평하지 않기 때문에 볼과의 거리가 다르다는 점과 경사진 지면에서 체중의 균형을 잡기가 힘들기 때문에 상체를 움직였을 때 몸의 균형이 흐트러지기 쉽다는 점 등이 샷을 어렵게 만든다.

그러므로 계단에서 수건 휘두르기 연습 등 여러 가지 상황을 염두에 둔 스윙 연습을 평소부터 꾸준히 하여, 스탠스가 편평하지 않은 장소에서의 샷이 어렵다는 의식을 떨쳐 버린다.

왼발 쪽이 높은 자세

왼발 쪽이 낮은 자세

발앞꿈치 쪽이 낮은 자세

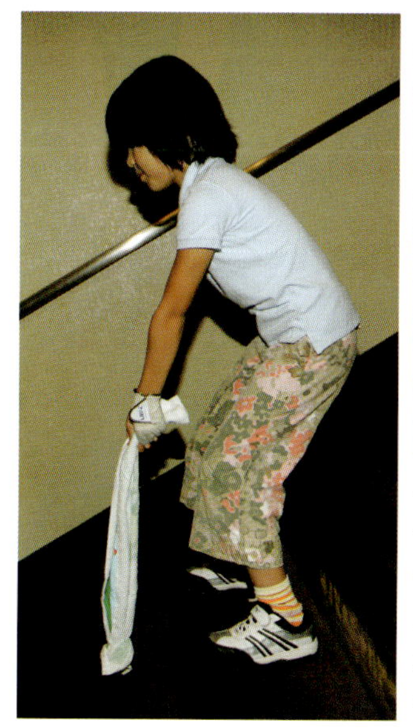 

확실하게 허리를 굽히고 스윙을 한다. 발뒤꿈치로 볼을 밟아 발꿈치를 일부러 높게 함으로써 보다 실전적인 감각과 실제의 움직임과 비슷한 연습을 할 수 있다.

발앞꿈치 쪽이 높은 자세

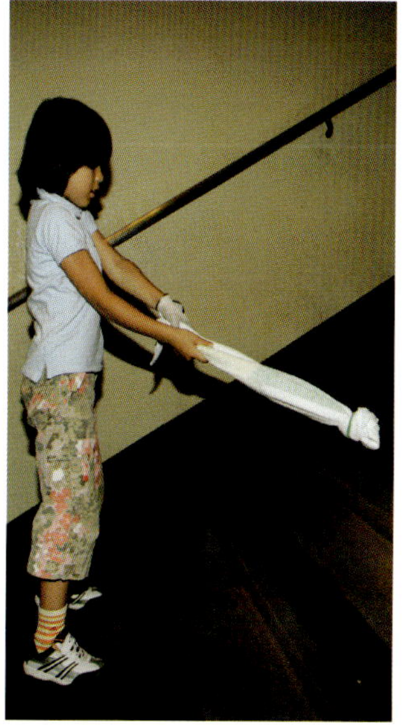 

발앞꿈치 쪽의 지면이 높은 경우는 볼의 높이를 정확하게 잰 다음 연습 스윙을 시작하자. 여기서도 볼을 발가락 밑부분에 둠으로써 실제의 움직임과 비슷한 연습을 할 수 있다.

보디 밸런스를 더욱 단련시킨다

골프뿐만 아니라 다른 스포츠에서도 중요한 것이 자신의 체중을
지탱하는 능력이다. 체중이 발바닥에 골고루 분산되어 있으면
어떤 자세를 취해도 밸런스가 흐트러지지 않는다.

밸런스 디스크 등 불안정한 물건 위에 올라서서 여러 가지 움직임을 해보자. 처음엔 어려울지 몰라도 점차 하반신이 안정되기 때문에 안정된 자세를 취할 수 있다.

골프뿐만 아니라 다른 스포츠에서도 움직임의 기본은 안정된 하반신을 동반해야 한다. 신체 움직임의 안정감을 기르기 위해 지면과 몸과의 접촉 부분인 발바닥의 감각을 연마한다.

몸을 움직이면 몸 중심도 움직여지기 마련이다. 지면에 닿아 있는 발이 안정되지 못하면 발바닥의 하중 포인트가 불안정해지기 때문에 몸의 밸런스가 흐트러진다.

공기가 들어 있는 밸런스 디스크 위에서 안정된 자세를 잡기 위해서는 체중 밸런스를 일정하게 유지하지 않으면 안된다. 자신의 중심을 컨트롤하는 능력은 초등학생 시절에 거의 완성된다. 이 능력을 길러두지 않으면 성인이 되었을 때 뛰어넘을 수 없는 큰 벽에 부딪히게 된다. 밸런스 디스크가 없는 사람은 쿠션이나 수영 튜브 등을 이용하여 연습하는 것도 무난하다.

디스크 위에서 여러 가지 동작을 해보자.

디스크 위에 올라서서 좌우로 몸을 움직여 보거나 캐치 볼을 하거나 등등 여러 가지 동작을 해보자. 여기서 중요한 포인트는 디스크에서 떨어지지 않도록 가능한 한 흔들림 없이 움직이는 것이다.

밸런스가 흐트러지면 발로 버티기 위해 힘을 주기 때문에 디스크에서 떨어지게 된다. 적당히 릴랙스한 상태에서 언제나 안정된 자세를 취할 수 있도록 연습하자.

볼을 잡을 때에는 체중이 앞으로 쏠리기 쉽고, 던질 때에는 뒤쪽으로 쏠리기 쉽다. 무릎을 부드럽게 사용하는 것이 안정된 자세를 취하는 포인트다.

"

밸런스 디스크 위에서 스윙을 해보자.

골프 스윙에는 안정된 하반신과 부드러운 상반신의 움직임이 필요하며, 스윙할 때에 힘을 들이지 않고 몸을 회전시키는 것이 중요하다. 처음엔 하프 스윙을, 어느 정도 익숙해지면 스윙 폭을 조금씩 크게 가져가 최종적으로 풀 스윙을 할 수 있으면 합격이다.

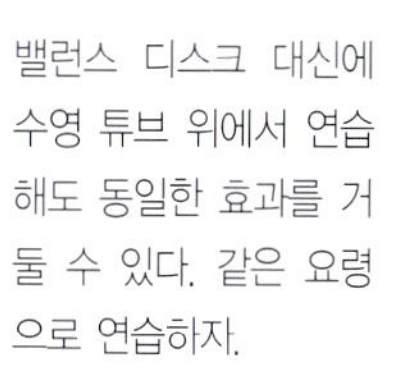

밸런스 디스크 대신에 수영 튜브 위에서 연습해도 동일한 효과를 거둘 수 있다. 같은 요령으로 연습하자.

밸런스 보드에 올라서서 떨어지지 않도록 한다.

밸런스 디스크보다 더 고차원적인 밸런스 감각을 필요로 하는 것이 밸런스 보드다. 재질이 단단한 나무이기 때문에, 밸런스를 잡을 수 있는 포인트가 한 곳뿐이다. 초보자는 단순히 보드 위에 서 있는 것조차도 아주 힘들다.

연습 방법은 밸런스 보드 위에 몇 초간 올라서 있는가? 목표 시간을 설정한 후 도전해 보자. 밸런스 보드 위에 올라서서 어떤 동작을 취하는 것은 아주 어려울 뿐만 아니라 몹시 위험하므로 무모한 동작을 취하지 않도록 유의하자.

눈을 움직이는 습관을 기른다

평소에 시점을 가깝게 하거나 멀리하는 버릇을 길러두는 것이 중요하다.
눈을 움직이는 것이 익숙하지 않으면
사물을 볼 때마다 전후로 몸이 움직여지는 불안정한 상태가 된다.

가운데가 뚫린 종이를 이용하여 눈 훈련을 하자. 손으로 종이를 잡고 뚫린 곳을 통해 벽을 본다. 종이에 적혀 있는 글자와 똑같은 글자를 벽에도 붙여놓는다. 사진에서는 'VISION' 이란 글자가 적혀 있는 종이를 사용하고 있다. 한 문자씩 종이의 문자를 본 후 벽의 문자를 보는 식으로, 초점을 전후로 이동시키면서 문자를 보는 연습을 한다.

이 연습을 하면 눈의 움직임이 부드러워지는 것은 물론이거니와 눈으로 인한 착각이 일어나지 않는다. 넓은 골프장에서는 순간적으로 눈으로 인한 착각을 일으키기 쉽다. 평소부터 시각을 단련시켜 두자.

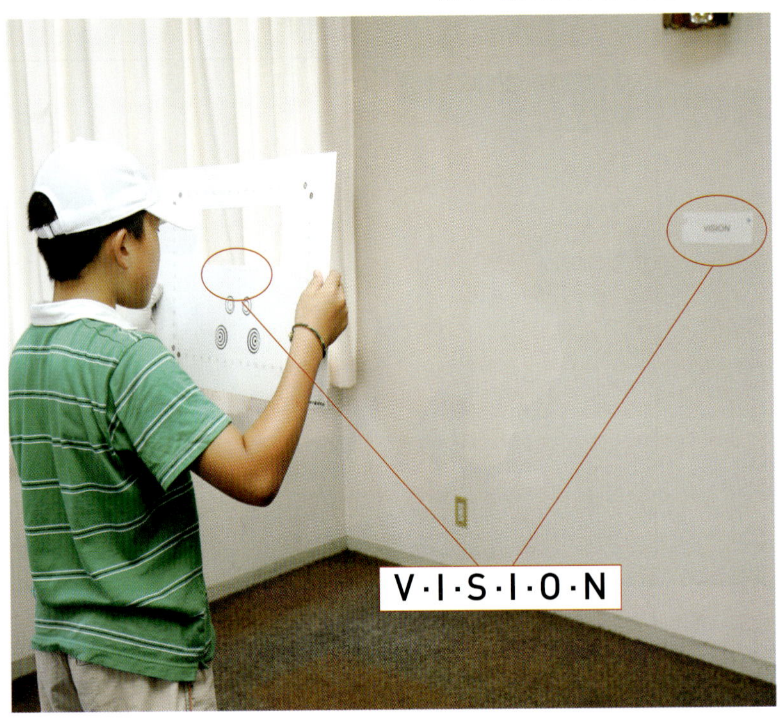

벽에 적혀 있는 문자와 손에 들고 있는 종이에 적혀 있는 동일한 문자에 번갈아가면서 초점을 맞추는 눈의 훈련

밸런스 디스크에 올라서서 눈 훈련을 한다.

위에서 소개한 연습을 밸런스 디스크 등 불안정한 물건 위에 올라서서 해보자. 스스로 눈치 채지 못하더라도 시각에 의해 몸의 중심이 크게 움직인다는 사실을 알게 될 것이다.

예를 들어 골프에서 '볼을 잘 쳐다보라' 는 말을 듣고, 앞쪽으로 상체가 쏠리는 것은 이러한 시각적인 영향과 크게 관련이 있다.

멀리 있는 곳에 초점을 맞추려고 하면 눈을 가까이하는 쪽으로 상체가 움직인다.

가까운 곳에 있는 문자를 보려고 하면 몸이 뒤로 젖혀진다.

좌우 눈의 밸런스를 조절한다

좌우 눈의 밸런스가 흐트러지면
몸의 밸런스도 흐트러져 버린다.
눈의 성능을 개선시키자.

자료제공: 시각행동연구소

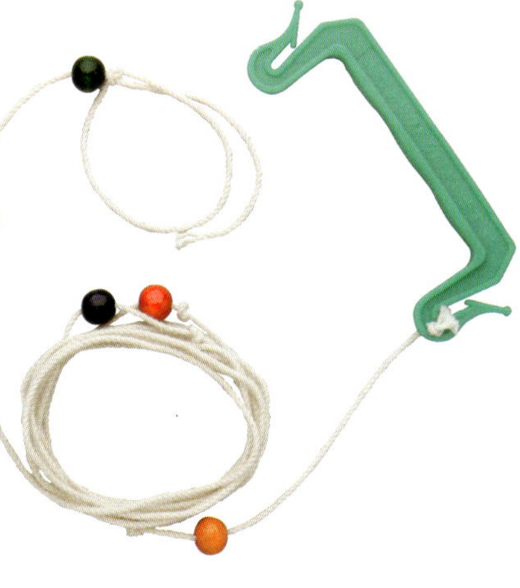

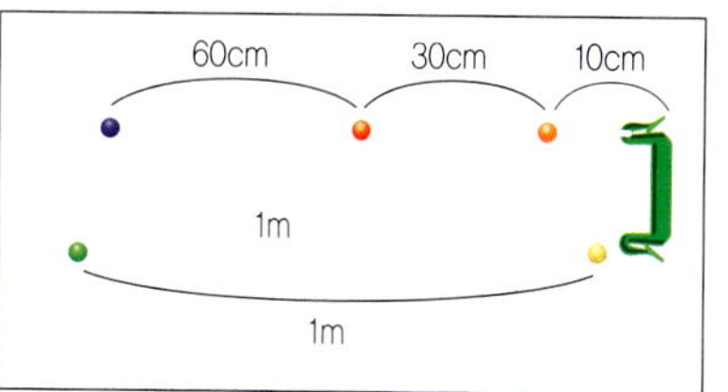

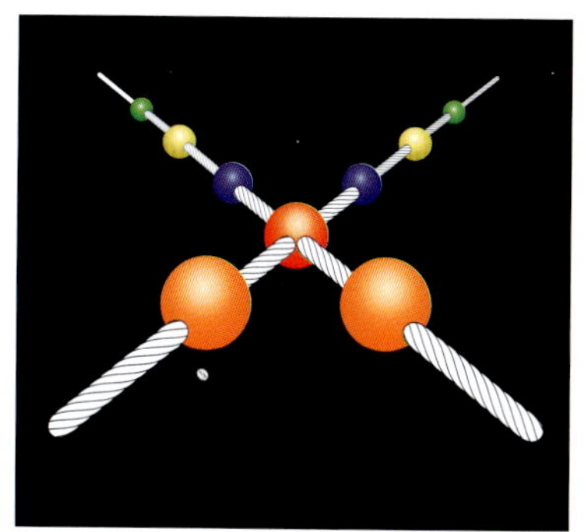

그림 1: 주시한 빨간 구슬의 정중앙에서 두 개의 실이 교차하고 있는 경우는 좌우 눈의 밸런스가 정상이다.

기구를 사용하여 좌우 눈의 밸런스를 조절한다.

플라스틱으로 만든 손잡이의 한쪽 끝에 실을 묶고 구슬을 꿴 기구인 '블록 스트링' 을 사용한 훈련으로 좌우 시선의 밸런스를 조절하는 것이 가능하다.

손잡이를 눈썹 근처에 대고 두 눈으로 멀리 있는 구슬부터 순서대로 가까운 구슬 쪽으로 시점을 이동시킨다. 다음은 가까운 구슬에서 먼곳에 있는 구슬 쪽으로 시점을 가져간다.

처음엔 구슬 하나에 4초, 익숙해지면 1초에 시점을 이동할 수 있게 된다.

그림 1처럼 주시한 구슬의 정중앙에서 두 개의 실이 교차하는 것이 정상이다. 그림 2~5처럼 보이는 사람은 눈의 좌우 밸런스에 문제가 있다. 훈련으로 교정하길 바란다.

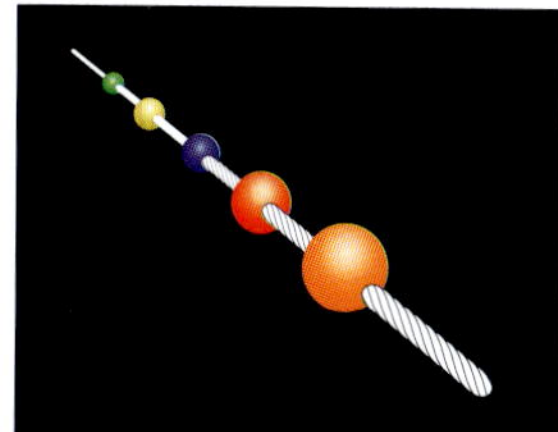

그림 2: 한쪽 실이 사라진 경우는 두 눈으로 보지 않고 있다는 증거이다. 왼쪽 눈만으로 구슬을 보는 경우다.

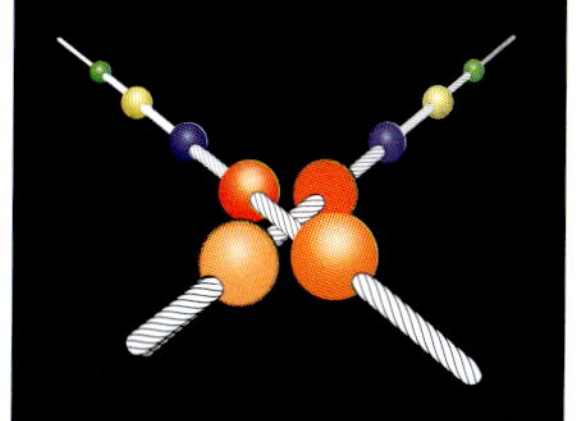

그림 3: 주시한 구슬의 앞에서 실이 교차한 경우, 시점을 안으로 모으는 힘이 강하다.

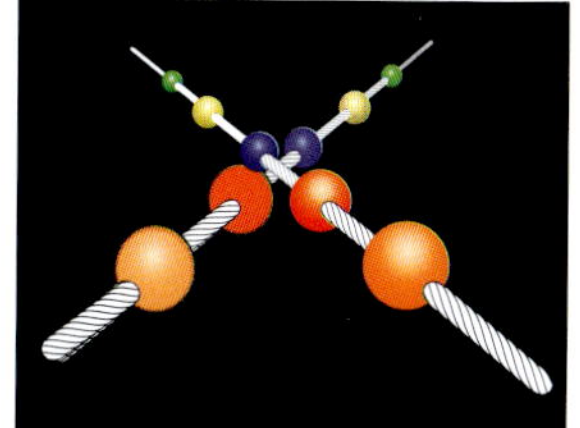

그림 4: 주시한 구슬의 뒤쪽에서 실이 교차한 경우, 시점을 안으로 모으는 힘이 약하다.

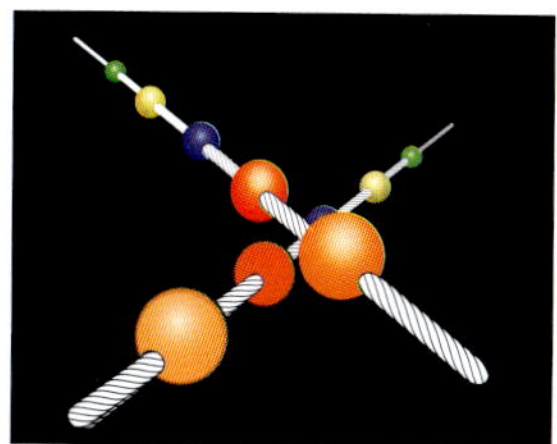

그림 5: 실의 높이가 다르게 보이는 사람은, 좌우 눈의 시점에 상하차가 있다.

Column.5

현대 어린이의 운동신경은 위기에 직면해 있다

예전에 비해 어린이를 둘러싼 환경이 크게 변화하고 있다. 도심에서는 집 근처의 공터가 없어지고, 개천이나 산 등도 위험한 장소로 둔갑하여 어린이의 접근을 제한하는 곳이 적지 않은 등, 어린이가 뛰어다니면서 놀 수 있는 환경이 급격하게 줄어들고 있다.

그리고 맨션이나 아파트 등 집합주택에 살고 있는 어린이는 집 안에서 뛴다든지 기타 이웃 사람들에게 폐가 되는 행위를 하기가 힘들다. 즉 부모 세대가 산이나 들에서 뛰어다니면서 놀던 놀이가 자녀 세대에는 집안에서의 컴퓨터 게임으로 변했다.

이러한 환경의 변화가 작금의 어린이의 운동능력 저하란 결과를 초래하였다. 운동신경의 기초는 대부분 초등학생 시기에 완성된다. 옛날에는 집 밖을 뛰어다님으로써 자연히 몸으로 익힌 보디밸런스(자신의 중심을 컨트롤하는 능력)가, 현대의 어린이들에게는 누군가가 가르치지 않으면 안되는 세상으로 변해 버렸다.

초등학생 시절에는 어느 하나에 집중하기보다는 여러 가지 스포츠를 체험하게 하여 장래의 위기에서 어린이를 구출해 내는 것이 현대 어른들의 역할이다.

7세 어린이의 남녀별 운동 능력

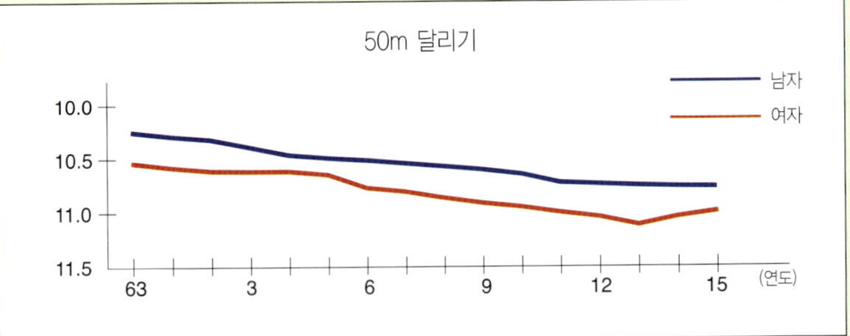

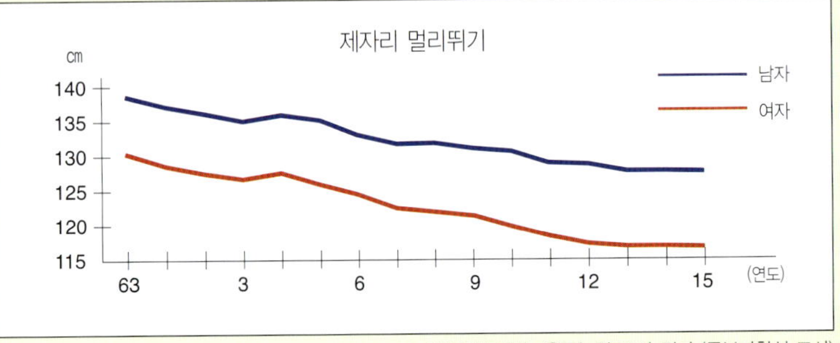

2003년 체력·운동능력 조사 결과 (문부과학성 조사)

제6장

연습장 활용법

Use of
Driving Range

연습장에서의 매너

어린이를 연습장에 데려가기 전에,
연습장에서 해도 되는 행동과
해서는 안되는 행동에 대한
매너를 가르치는 것이 중요하다.

어린이에게 골프를 가르칠 때 가장 자주 찾는 장소가 연습장이라고 생각한다. 이제 골프를 시작하는 어린이라면 연습장에서 무엇을 어떻게 해야 하는지 알 리가 없다.

그러므로 연습장에 가기 전에 어린이에게 기본적인 매너를 가르치자. 집과는 달리 많은 사람들이 모이는 연습장에서 다른 사람에게 폐가 되는 행위를 하지 않는 것이 무엇보다 중요하다. 그리고 제멋대로 행동하면 다른 사람에게 폐가 되는 것은 물론이고 때에 따라서는 아주 위험하다는 사실을 일러두자.

그리고 연습장에서 해도 되는 일과 해서는 안되는 일에 대해 알려주자. 설사 당연한 일일지라도 어린이에게는 차근차근 설명할 필요가 있다. 예를 들어 '뛰어다녀서는 안되는 장소' '볼을 치는 장소' '큰소리로 떠들지 않는다' '볼은 한 번에 하나씩 친다' 등등 당연히 여기고 있는 사항에 대해서 끈기 있게 가르쳐야 한다.

만약 어린이가 뭔가 잘못을 저지르더라도 큰소리로 꾸짖지 말고, 왜 그렇게 하면 안되는지, 어떠한 위험이 도사리고 있는지에 대해 침착하게 설명하자. 어린이가 잘못했을 때 단순히 큰소리로 꾸짖는 행위는 어린이가 이해하지 못할 뿐만 아니라, 주위 사람들의 귀를 아프게 할 뿐이다.

뛰어다녀서는 안되는 장소를 알려준다. 그리고 왜 뛰어다니면 안되는지에 대해 찬찬히 설명한다.

볼을 치는 장소를 가르친다. 그리고 연습 레인지 좌우의 펜스를 넘나들면 아주 위험하다는 사실도 알려준다.

해서는 안되는 행위

안전하게 보이는 연습장일지라도 사실은 여기저기 위험이 도사리고 있다.
매너를 지켜 안전하게 운동을 하자.

통로 등에서 클럽을 휘두른다	타석 이외의 장소는 사람들이 걸어다니는 장소이다. 거기서 클럽을 휘두르면 다른 사람이 다칠 수가 있다.
뒹굴면서 논다	뒹굴면서 놀면 다른 사람들의 눈에 띄기 힘들므로 의외로 큰 사고가 발생할 가능성이 있다.
2층 타석에서 아래를 쳐다본다	미끄러져 떨어질 가능성과 1층 타석의 사람이 친 볼에 맞을 가능성이 있다.
무단으로 다른 사람의 타석에서 볼을 친다	이것은 완전한 매너 위반. 입장을 바꾸어 놓고 생각하게 한다.
골프 클럽 이외의 것으로 볼을 친다	어느 방향으로 볼이 날아갈지 모르기 때문에 사람을 맞힐 가능성이 있다.
볼 이외의 것을 친다	이것도 볼이 어디로 날아갈지 모르며 연습장에 피해를 준다.
극단적인 각도의 방향으로 볼을 친다	위험하다. 만약 똑바로 쳤다고 해도 볼이 다른 사람의 앞을 질러가기 때문에 볼끼리 부딪힐 위험성이 있다.

위험 방지

어린이에게 매너를 가르침과 동시에 타석에서 지도할 경우에 어른들도 항상 위험 방지를 염두에 두어야 한다. 무심코 타석에 들어가다간 큰 부상을 입을 가능성이 있으므로 주의하자.

누구든지 연습장에서 자녀에게 골프를 가르치기 시작하면, 자신도 모르는 사이에 점점 손짓 발짓이 늘어나면서 가르치는 것에 몰두하게 된다. 이런 상황에서 타석에서 볼을 치는 것에 폭 빠져 있는 자녀에게 무심결에 다가가다간 생각지도 못한 큰 부상을 입을 수 있다.

타석에 들어갈 때는 먼저 자녀에게 말을 건 후에 들어가도록 하자. 자녀가 연습하는 모습을 관찰할 때의 부모의 위치는 보통 타석의 뒤쪽이 되지만, 자녀와 마주 보는 위치에서 지도를 하면 옆 타석에서 휘두른 클럽에 맞을 위험이 있다.

그리고 큰소리로 자녀를 꾸짖거나, 가르치는 것에 열중한 나머지 행하는 자신의 행동이 타인에게 폐를 끼치고 있지는 않은가 등을 생각하면서 지도하자.

어린이가 연습장의 환경에 어느 정도 익숙해져, 이제 안심해도 될 만하다고 여길 때가 가장 주의를 요하는 시기이다. 마음 푹 놓고 주의를 게을리 할 때, 어린이가 예측 불가능한 일을 저지르는 경우가 허다하다. 이런 것에만 주의하면 된다라는 매뉴얼은 존재하지 않으므로, 언제나 어린이에게서 주의를 떼지 않도록 하자.

어린이와 마주 보며 서게 되면 옆 타석 사람이 휘두른 클럽에 맞아 부상을 입을 가능성이 있다.

어린이에게 말을 건 후, 어린이가 들었는지 확인한 다음 타석에 들어간다.

연습장에서의 **주의점**

- 어린이에게 말을 건 후 타석에 들어간다. 이때 어린이가 알아차린 것을 확인한 후 들어가는 것이 철칙.
- 어린이와 마주 보는 위치에 서지 않는다. 옆 타석에서 휘두른 클럽에 맞을 위험이 있다.
- 어린이를 큰소리로 꾸짖거나 주의를 주지 않는다.
- 다른 사람을 배려하는 마음을 늘 가진다.
- 어린이에게서 눈을 떼지 않는다.
- 설사 어린이가 연습장에 익숙해지더라도 어린이는 어린이라는 생각을 늘 가진다.
- 생각나는 것이 있으면 반드시 주의를 준다.

머릿속에서는 이해하고 있는 것일지라도 다른 흥미로운 것이 눈앞에 어슬렁거리면 금세 잊어버리고 마는 것이 어린이다.

평소에 주의를 주어서 잘 알고 있으리라 간주되는 사항이라도, 다른 곳에 정신을 쏟게 되면 여태까지의 모든 것을 순식간에 잊어버리고 마는 것이 어린이의 특성이다. 예를 들어, 연습장에서의 매너를 가르쳐 지금까지 어린이가 잘 지켰다 하더라도, 도마뱀 한 마리가 타석 근처

를 어슬렁거리면 도마뱀을 잡으러 쫓아가는 등 여태까지 지켰던 매너를 순식간에 잊어버린다.

그리고 어른들은 도무지 상상할 수 없는 행동을 어린이들은 종종 하곤 한다. 가령 볼을 몇 개씩 일직선으로 세운 후 단번에 치려고 한다든지, 연습용으로 들고 온 클럽을 장난감으로 사용한다든지… 아무튼 어린이의 발상력은 어른들의 상상을 초월할 경우가 많다.

그러나 걱정만 한다고 해서 진전이 있는 것은 아니다. 평소에 어른들이 관심을 가지고 주의를 게을리 하지 않아야 어린이의 위험을 회피할 수 있다.

골프는 매너와 룰을 잘 지키면 안전한 스포츠이다. 근처에 있는 연습장을 잘 활용하여 기술 향상은 물론 코스에서 안전하게 라운딩할 수 있도록 지도하자. 최근에는 주니어용 교실을 개설하고 있는 연습장이 많이 늘었기 때문에 예전처럼 코스나 연습장에 어린이를 데리고 가기 힘들다는 느낌은 많이 사라졌다고 생각한다.

코스 이외에 볼을 마음껏 칠 수 있는 곳은 연습장밖에 없다. 어린이가 골프에 흥미를 가지게 하기

위해서는 우선 연습장에서 마음껏 즐길 수 있는 환경을 만들어 주는 것이 중요하다. 처음에는 '아빠 손에 이끌려서' 연습장에 갔다 할지라도 점점 '아빠에게 부탁하여' 연습장에 가는 어린이가 늘어나도록 신경을 쓰자.

연령에 적합한 연습 목표

같은 초등학생이라고 해도 1학년과 6학년은 신장이나 정신적인 면에서
차이가 많이 난다. 연습을 할 때는 어린이의 연령에 걸맞도록
목표를 설정하여 어린이가 최대한 골프를 즐길 수 있는 환경을 만들어 주자.

어린이에게 최대의 적은 집중력

어린이는 재미있어지기 시작하면 볼을 치는 것에 집중하기 마련이다. 골프가 좋아지는 것은 반가운 일이지만, 볼 치는 것에 집중하기 시작하면 점점 볼을 더 멀리 날려 보내고 싶은 마음이 들어 자신도 모르는 사이에 몸에 힘이 들어가기 시작한다.

그럴 때에는 반드시 어른이 말을 걸어 어린이가 자연스러운 스윙을 할 수 있도록 지도하는 것이 중요하다. 왜냐하면 처음엔 흥미를 가지고 정신없이 볼을 치더라도 볼이 곧바로 날아가지 않으면 금세 싫증을 내는 것이 어린이의 특성이기 때문이다.

그러므로 '골프는 어렵고 재미가 없다' 라는 생각이 들지 않도록, 어린이가 볼 치는 것에 너무 집중하기 시작하면 반드시 주의를 주자.

그리고 몸에 힘이 들어가기 시작할 때 필요한 연습 메뉴를 평소에 한두 개 정도 준비해 두자. 그런 연습도 연령이나 기술 레벨에 따라 별도로 준비할 필요가 있다.

1, 2학년

우선 좋아하는 클럽이나 연습 방법을 찾아주자.

저학년 때에는 아이언이나 드라이버나 상관없으므로 어린이의 마음에 드는 클럽을 찾아주는 것이 중요하다. 가령 퍼터나 클럽 이외의 연습 기구 등에 어린이가 흥미를 가지더라도 상관이 없다. 첫 계기는 무엇이든 관계없다. 우선은 어린이가 골프에 흥미를 가질 만한 환경을 만들어 주는 것이 중요하다.

'재미있다' '다시 하고 싶다' 라는 기분이 들면 대성공이다. 그 다음은 게임 감각을 겸비한 새로운 기술이나 연습 방법을 도입하여 어린이가 또 다른 새로운 흥미를 가지도록 유도를 하자.

이러한 '즐거움' 이 장차 '잘 치

사진의 어린이는 막대기 끝에 리본을 단 채 스윙 연습하는 것을 좋아한다.

고 싶다' 라는 향상심으로 발전한다. 정신적인 면이나 근성 등은 아주 먼 장래의 일이다. 이 시점에서 어린이에게 그러한 점을 강요하는 것은 절대 금물이다.

3, 4학년

볼을 날리는 방법과 어프로치 등 골프의 기본을 익힌다.

3, 4학년이 되면 볼을 날리는 법과 어프로치 등에 대한 개념적인 부분을 가르치자.

단 아직 상대가 초등학생이라는 사실을 잊지 말자. 말 한마디 한마디에 전문적인 골프 용어를 곁들여 설명할 것이 아니라, '저쪽의 울퉁불퉁한 곳을 레이저 빔으로 겨냥하듯이' 등 어린이가 흥미를 가질 만한 표현을 구사하는 것이 효율적인 방법이다.

그리고 예를 들어 연습 중에 '옆 방향의 자세에서 목표를 겨냥하는 법'에 대한 설명을 할 때에도, 그립을 이용하여 직접 홀을 확인시킨 후, 다음에 치는 방향을 겨냥한다

볼을 겨냥하는 방법을 가르칠 때에도, 그립으로 목표 지점을 겨냥하도록 하면 쉽게 이해할 수 있다.

란 식으로 어린이가 이해하기 쉬운 지도 방법을 궁리하자. 말로써 장황하게 설명만 늘어놓으면 어린이에게는 쇠귀에 경 읽기일 경우가 허다하다. 가능한 한 어린이가 연상하기 쉽도록 감각적인 표현을 사용하여 설명하는 것이 바람직하다.

'저쪽 목표를 향해 레이저 빔처럼 쳐라'란 표현처럼 어린이가 솔깃할 만한 표현으로 설명을 하자.

5, 6학년

거리감이나 방향성 등 전반적인 기술을 익힌다.

5, 6학년이 되면 상황이 많이 바뀐다. 어느 정도 골프 실력을 갖춘 어린이라면 어른들과 대등한 용어를 사용해도 무난하게 의사 소통을 할 수 있다. 이 시기에 이르면 모든 클럽을 다 사용하게 하여 서투른 클럽을 만들지 않는 것과 거리감이나 방향성 등 골프의 전반적인 기술을 가르치더라도 무난하다.

특히 1, 2학년 때부터 골프를 시작한 어린이는 이 시기에 '공을 잘 치고 싶다'라는 향상심이 나타나기 시작한다. 본인의 요망이나 의문점 등을 해결해 주면서 어느 정도 전문적인 사항을 가르쳐도 무방하다.

그린, 깃대, 거리 표지판 등 목표로 삼을 만한 물건이 연습장에는 아주 많이 널려 있다.

좋아하는 것에 대해서는 인내할 능력도 준비되어 있을 시기이기 때문이다.

그리고 본격적으로 골프를 배울 요량의 어린이라면, 라운딩 기회가 좀더 늘어나 있을 것이다. 라운딩 할 때의 매너와 룰에 대해서도 익숙해지도록 평소에 지도를 한다.

연습할 때 주의해야 할 사항

골프를 처음 시작한 어린이라면 연습 시간의 대부분을
연습장에서 보내게 되므로, 우선 연습장에서의 연습 방법과
연습 전후의 주의 사항에 대해 가르친다.

연습 중이나 연습 전후에 주의할 점

- 어린이의 체력이나 근력을 염두에 둔 연습을 시키자.
- 연령에 따라 알기 쉽게 설명을 하자.
- 연령에 적당한 연습 시간을 정하자.
- 그날의 컨디션에 따라 연습 메뉴를 달리한다.
- 연령이나 기술에 적당한 목표를 설정하고 절대로 강요하지 않는다.
- 반드시 준비 체조를 한다.
- 좌우의 근력차가 생기지 않도록 배려한다.

어릴 때부터 연습장에서 아무 생각 없이 볼을 많이 치는 것은 좋은 결과를 가져오지 않는다. 기술적인 면뿐만 아니라 어린이의 근력이나 체력 등을 감안한 연습 메뉴를 짜는 것이 중요하다.

연습장에서는 반드시 준비 체조를 하고, 그날의 컨디션을 고려하여 연습 시간을 정하자. 특히 대부분의 어린이는 체력보다는 집중력이 오래 지속되지 않는다는 사실을 염두에 두자.

주의할 또 다른 사항은 골프는 몸을 좌우 균등하게 사용하는 스포츠가 아니다. 연습을 오래하면 할수록 근육이나 유연성에 있어서 좌우의 차가 생긴다. 어릴 때부터 이런 차이가 생겨나면 나중에 문제가 될 소지가 크다. 연습을 마치기 전에 반대로 클럽을 휘두르게 한다든지 해서 좌우 몸의 밸런스를 조절한다.

연습을 마칠 때에는 반대로 스윙을 하여, 좌우 밸런스를 균등하게 유지하도록 노력하자.

제7장
주니어 실력 테스트
Junior
Approval

아라이식 주니어 실력 테스트

현재 내가 지도하고 있는 어린이들에게는, 자신의 실력을 객관적으로 평가할 수 있도록 급을 매기고 있다. 이것은 어린이들에게 동기를 부여함과 동시에 자녀가 현재 어떠한 내용을 목표로 삼고 연습에 임하고 있는지를 부모들이 쉽게 알 수 있는 장점이 있다.

어린이의 골프 실력이 어느 정도의 레벨에 도달하였을 때 코스에 데리고 나가야 할지 망설여지는 경우가 더러 있는데, 어린이의 실력을 등급으로 표현함으로써 이러한 점을 해결할 수 있다. 또한 수영 등과 마찬가지로 급을 설정함으로써 어린이 스스로 자신의 목표 설정을 쉽게 할 수 있는 장점도 있다. 그리고 빨리 상위의 급을 따기 위하여 분발하기 때문에 동기 부여라는 의미도 가진다.

급을 따기 위해서는 시험을 치러야 한다. 이것은 기술적인 테스트뿐만 아니라, 골프에 있어서 중요한 매너나 룰에 대한 필기시험도 함께 실시하여, 양쪽 모두 합격하였을 때 상위의 급을 딸 수 있도록 되어 있다.

이 시험의 주된 목적은 시험을 통해 골프의 룰을 외우는 것은 물론이거니와 어린이가 더욱 더 안전하게 골프를 즐길 수 있도록 하고 매너를 익혀서 인간적인 성장에도 보탬이 되도록 하는 것이다.

어린이를 지도할 때 이 책에서 소개하는 내용이 도움이 되길 바란다.

기술

기술은 스윙 동작이 아니라 결과만으로 판단한다.

시험을 치르는 어린이는 몹시 긴장하기 마련이다. 그러한 긴장감 속에서 연습할 때와 똑같은 이미지를 가지고 스윙을 구사할 수 있는가가 합격의 포인트이다.

그래서 스윙 중의 동작이나 자세가 아니라 결과만으로 실력을 판단한다. 여기서 소개하는 등급 중 6급 정도를 기준으로, 코스에 데리고 나가는 시기를 고려하면 무난하다. 우선 골프 코스가 어떻게 생겼는지 보여주는 것도 좋은 방법이다.

룰과 매너

안전하게 라운딩하기 위해서는 룰과 매너를 익히는 것이 중요하다.

기술만 가지고는 안전하게 골프를 즐길 수가 없다. 룰과 매너를 익힘으로써 안전하고 즐거운 라운딩이 가능하다.

골프 룰은 아주 복잡하다. 그러나 룰을 모르는 상태에서 라운딩을 하면 함께 라운딩을 하는 동료에게 불쾌감을 줄지도 모른다. 골프는 몇 사람이 함께 즐기는 스포츠이므로 언제나 주위 사람들을 배려하는 마음을 잊어서는 안된다.

매너도 마찬가지다. 모두가 즐거운 분위기 속에서 라운딩할 수 있도록 평소부터 매너를 익혀두는 것이 아주 중요하다. 그리고 골프 매너 중에는 알아두지 않으면 위험에 빠지는 사항도 있다.

금속으로 만든 막대기를 휘둘러 딱딱한 공을 때리는 스포츠인 골프는 자칫 실수하면 아주 위험한 스포츠이다. 이러한 스포츠를 안전하게 즐기기 위해서 세세한 룰과 매너가 만들어져 있다고 하여도 틀린 말이 아니다.

기술
Golf Skill

퍼터를 잡고 10m 떨어진 곳에서 4m 폭의
선 안에 볼을 굴려넣는다
● 합격 라인: 5회 중 3회 이상 성공

볼을 맞히는 것이 가능하다
● 합격 라인: 5회 중 4회 이상 성공

룰과 매너
Rules & Manners

위험 방지에 대하여

● **연습을 시작할 때는 먼저 주위의 안전을 확인하자.**

  • 클럽이나 볼에 맞으면 큰 부상을 입는다.
  • 연습하고 있는 사람에게 다가가는 것은 위험하다.

● **연습장에서 주위 사람에게 폐가 되지 않도록 주의한다.**

  • 큰소리로 떠들거나 통로를 뛰어다니는 행위는 주위 사람들에게 폐를 끼치게 되며, 위험하기 때문에 절대로 해서는 안된다.

인사에 대하여

● **연습장이나 코스에서 인사를 잘하자.**

  • 안녕하세요.
  • 잘 부탁드립니다.
  • 고맙습니다.

9급

장비에 대한 지식

기술
Golf Skill

퍼터를 잡고 10m 떨어진 곳에서 직경 4m
의 원 안에 볼을 굴려넣는다
- 합격 라인: 5회 중 3회 이상 성공

드라이버나 우드를 잡고 풀 스윙을
하여 볼을 맞히는 것이 가능하다
- 합격 라인: 5회 중 2회 이상 성공

룰과 매너
Rules & Manners

도구 취급법과 간단한 지식

● **골프 볼은 작다.**
- 볼의 크기는 약 4.3cm(농구공의 약 1/6)
- 야구의 홈런볼보다 볼이 멀리 날아간다(홈런 150m, 골프의 티샷 270m).
- 물에 뜨지 않는다.
- 아주 딱딱한 볼
※ 사람을 맞히지 않도록 주의하자.

● **볼을 치는 도구**
- 우드: 볼을 멀리 날리기 위해 사용한다.
- 아이언: 깃대를 겨냥할 때 사용한다.

- 퍼터: 컵 안에 볼을 넣을 때 사용한다.
※ 골프는 도구가 없으면 안된다. 도구
를 소중하게 다루자.

기술
Golf Skill

20야드 떨어진 곳에서 어프로치를 하여 7야드 폭의 선 안에 볼을 넣는다
- 합격 라인: 5회 중 3회 이상 성공

아이언을 잡고 풀 스윙을 하여 볼을 치는 것이 가능하다
- 합격 라인: 5회 중 3회 이상 성공

룰과 매너
Rules & Manners

골프 코스는 어떤 곳인가?

● 골프 코스를 걷다 보면 궁금한 곳이 많이 눈에 띈다. 코스에 나가면 뭐든지 배운다는 자세를 가지자.

- 티잉 그라운드: 최초의 샷을 날리는 곳
- 페어웨이: 잔디가 깨끗하게 깔려 있는 곳
- 러프: 페어웨이보다 잔디의 길이가 긴 곳
- 연못: 인공적으로 만든 연못이 있다.
- 벙커: 모래가 들어 있는 곳
- 그린: 퍼터를 사용하는 곳

7급

볼을 멀리 날린다 &
어프로치를 한다

기술
Golf Skill

볼을 50야드 날리는 것이 가능하다
● 합격 라인: 5회 중 2회 이상 성공

20야드 떨어진 곳에서 어프로치를 하여 7야드 폭의 선 안에 볼을 넣는다
● 합격 라인: 5회 중 3회 이상 성공

룰과 매너
Rules & Manners

스코어를 세어본다

● 골프는 볼을 컵 안에 집어 넣기까지 친 볼의 횟수를 세는 스포츠이다. 정확하게 횟수를 세지 못하면 경기에서 실격이 되는 경우도 있다.

● 각각의 홀에는 기준이 되는 수가 정해져 있다. 그 수를 파(PAR)라고 한다.

• 파: 규정 횟수에 볼을 넣었을 때

• 버디: 규정 횟수보다 하나 적은 횟수로 볼을 넣었을 때

• 이글: 규정 횟수보다 두 번 적은 횟수로 볼을 넣었을 때

• 보기: 규정 횟수보다 하나 많은 횟수로 볼을 넣었을 때

• 더블 보기 : 규정 횟수보다 두 번 많은 횟수로 볼을 넣었을 때

• 트리플 보기: 규정 횟수보다 세 번 많은 횟수로 볼을 넣었을 때

※ 다음부터는 이 용어를 사용하여 자신의 횟수를 세어보자.

기술
Golf Skill

20야드 떨어진 곳에서 어프로치를 하여 볼을 50cm 굴린 후 폭 7야드의 라인 안에 집어 넣는다
- 합격 라인: 5회 중 3회 이상 성공

볼을 700야드 날리는 것이 가능하다
- 합격 라인: 5회 중 2회 이상 성공

룰과 매너
Rules & Manners

그린에서의 룰과 매너

- **다른 사람의 퍼팅 라인을 밟지 않도록 주의한다.**

  퍼팅에서는 발자국에 의해 볼의 방향이 바뀌기도 한다.

- **다른 사람이 퍼팅을 할 때는 그 근처에 서 있지 않는다.**

  퍼팅은 샷보다 많은 집중력을 필요로 한다.

- **깃대을 빼고 넣을 때는 신중하게 한다.**

  특히 컵 근처를 건드리지 않도록 한다.

- **그린에서는 뛰지 않는다.**

  긴 거리의 퍼팅을 성공했을 때의 기분은 더할 나위 없지만 그린 위에서는 언제나 침착해야 한다.

- **그린에서 볼 마킹하는 방법을 익힌다.**

5급   볼 컨트롤 ②

기술
Golf Skill

20야드 떨어진 곳에서 어프로치를 하여 50cm의 높이까지 볼을 띄운 후 7야드의 원 안에 집어 넣는다
● 합격 라인: 5회 중 2회 이상 성공

1m 떨어진 곳에서 퍼팅을 하여 컵 안에 볼을 굴려 넣는다
● 합격 라인: 5회 중 2회 이상 성공

룰과 매너
Rules & Manners

OB에 대하여

● OB란 아웃 오브 바운즈 (Out of Bounds)의 약자로 타구가 정해진 구역을 벗어난 경우를 말한다. OB 구역은 흰 말뚝으로 표시되어 있다.

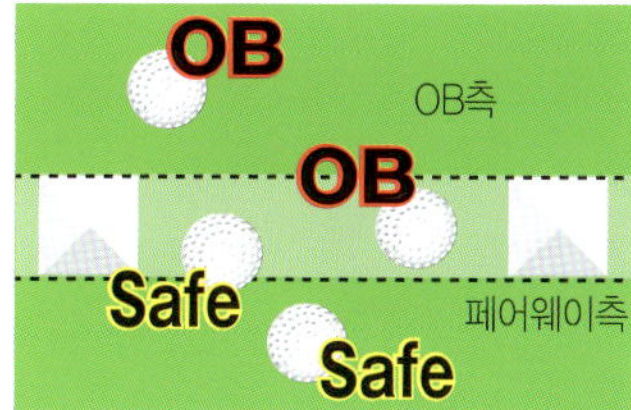

타구가 OB가 되었을 경우, 친 곳에서 벌타를 하나 더한 후 다시 치면 된다.

워터 해저드

● 타구가 연못에 빠졌을 때, 벌타를 하나 더한 후

• 마지막으로 플레이한 지점에서 다시 볼을 친다. 만약 티샷이 연못에 빠진 경우, 티업하여 다시 칠 수 있다.
• 연못에 타구가 빠진 지점의 후방 근처에서 다시 친다.

● 만약 연못 안에서 볼을 칠 경우, 치기 전에 클럽이 물에 닿으면 안된다.

기술
Golf Skill

벙커 안에서 볼을 밖으로 탈출시키는 것이 가능하다
- 합격 라인: 5회 중 2회 이상 성공

5m 떨어진 곳에서 퍼팅을 하여 두 번 만에 컵 안에 볼을 굴려 넣는다
- 합격 라인: 5회 중 2회 이상 성공

룰과 매너
Rules & Manners

벙커에서의 룰과 매너

- 벙커에는 페어웨이와 달리 모래가 들어 있으며, 벙커 안에서 해서는 안 되는 사항이 몇 가지 있다. 정확하게 이해하여 실수하지 않도록 하자.
- 손이나 클럽으로 모래를 건드리면 안된다. 어드레스를 취했을 때 클럽이 모래에 닿지 않도록 주의하자.
- 벙커 안에 떨어져 있는 낙엽 등을 치우면 안된다.
- 벙커 샷을 끝낸 다음에는 모래를 가지런하게 잘 정리해야 한다.

3급 벙커 샷의 컨트롤 & 퍼팅

기술
Golf Skill

10m 떨어진 곳에서 퍼팅을 하여 두 번 만에 컵 안에 볼을 굴려 넣는다
● 합격 라인: 5회 중 2회 이상 성공

30야드 거리의 벙커에서 10야드의 원 안에 볼을 집어 넣는다
● 합격 라인: 5회 중 2회 이상 성공

룰과 매너
Rules & Manners

티잉 그라운드 주변에서의 룰과 매너

● 티잉 그라운드는 각 홀의 출발 지점이다.

● 티잉 그라운드에서는, 티 마커의 연장선과 그 선에서 후방으로 클럽 2개 정도 거리 내의 사각형 안에서 스윙을 해야 한다. 만약 사각형 밖에서 스윙했을 경우에는 2벌타를 더한 후 다시 쳐야 한다.

● 티잉 그라운드에서는 경기자의 스윙 라인 뒤쪽에 서지 않는다. 타구의 방향을 확인하고자 라인 바로 뒤에 서 있게 되면 스윙하는 사람의 시야에 들어가기 때문에, 경기자가 집중하여 스윙하기가 힘들다.

● 티잉 그라운드에서는 티업하여 스윙하는 것이 가능하다. 티업이란 지면보다 높은 곳, 즉 티나 모래 위에 볼을 올려두고 스윙하는 것을 말한다.

● 그 외 다른 사람의 경기를 방해하는 큰소리를 내거나, 장난을 치거나, 동반 경기자에게 폐를 끼치는 행위을 하지 않도록 주의하자.

기술
Golf Skill

볼을 1000야드 날리는 것이 가능하다
● 합격 라인: 5회 중 2회 이상 성공

룰과 매너
Rules & Manners

언플레이어블에 대해

● 언플레이어블이란, 샷을 구사할 수 없는 곳에 볼이 놓여 있는 등 더 이상 경기를 속행할 수 없는 경우를 말한다. 언플레이어블인지 아닌지는 경기자 스스로 판단한다.

• 나무 밑둥지에 볼이 놓여 있거나 클럽이 나뭇가지에 걸려 스윙을 할 수 없을 때

• 진흙땅에 볼이 푹 박혀 있는 경우

• 벙커의 턱 근처에 볼이 깊이 박혀 있는 경우

언플레이어블의 처리

● 언플레이어블을 선언하여 1벌타를 더한다.

● 직전에 플레이를 한 지점으로 되돌아가 가능한 한 근처에서 다시 친다.

● 볼과 볼이 있었던 지점을 그은 선상에, 그 지점보다 후방에 볼을 드롭한다. 이때 뒤로 물러나는 것은 거리에 상관없다.

● 볼이 있었던 장소에서 2클럽 이내의 거리 안에서 컵에 가깝지 않도록 볼을 드롭한다.

1급

비거리 향상 & 스코어 관리 ②

기술
Golf Skill

숏코스 3홀의 타수가 15타 이내
● 80야드 정도

볼을 1500야드 날리는 것이 가능하다
● 합격 라인: 5회 중 2회 이상 성공

룰과 매너
Rules & Manners

종합 테스트

● 기술적인 면은 물론 지금까지 배운 룰과 매너 전부를 이해하고 있을 필요가 있다. 그리고 어린이의 실력이 1급에 이르면 어른들과 함께 라운딩 해도 전혀 손색이 없을 정도의 실력를 지녔다고 간주하여도 무난하다.

● 1급의 실력을 지녔다 해도 정확한 룰과 매너를 이해하고 있지 않다면 경기를 지연시키거나 다른 사람들에게 방해가 되기 쉬우며, 그밖에 기본적인 부분에 있어서 주위 사람들에게 폐를 끼치거나 위험을 동반할 가능성이 있다.

● 어린이뿐만 아니라 어른의 경우라도 초심자라면 룰과 매너를 정확하게 이해하고 어느 정도의 기량을 익혔을 때, 비로소 코스에서 라운딩을 해도 별 문제가 없다는 점을 일러두자.

JGC 공인 주니어 검정회

6년간의 준비기간을 걸쳐 JGC 공인 주니어 검정회가 출발하였다.
검정 시험은 코스에서의 기능 시험과 룰과 매너에 관한 필기 시험으로 구성되어 있다.
기능 시험은 기술뿐만 아니라, 매너도 평가 항목에 포함되어 있다.

일본에서 처음으로 공식 주니어 검정회가 개시되었다. 공식 주니어 검정회는 골프의 기술뿐만 아니라, 골프란 스포츠를 통해 심신이 건전한 어린이를 육성하는 것을 주목적으로 한다. 따라서 기술적인 부분에 대한 기능 시험과 더불어 골프의 기본적인 룰이나 매너에 관한 필기 시험을 실시하고 있다. 그리고 룰이나 매너에 대해서는 실제로 라운딩을 실시하여 어린이가 얼마나 이해하고 지키고 있는가를 채점하는 방식을 채택하고 있다.

검정 시험은 단순히 감점을 하여 합격자를 선발하는 방식이 아니라, 어린이가 이해하지 못하는 부분에 대해서는 바로 그 자리에서 지도하여 이해시키는 등 라운딩 레슨적인 면을 많이 도입하고 있다.

제1회 검정 시험에서는, 각 연습장에서 모인 지도자가 자신의 수강생 이외의 어린이를 채점하

검정 시험 장소를 제공한 코스에서, 감사의 마음으로 연습장의 볼 줍기를 하였다.

는 방식을 택했지만, 앞으로는 지역 봉사자를 검정원으로 활용할 예정이며, 지역 사회에 밀착된 활동을 목표로 하고 있다.

그리고 골프를 통해 매너를 배움과 동시에 봉사 정신과 감사의 마음을 배양하기 위하여, 검정 시험에 장소를 제공한 골프장 부설의 연습장에서 볼 줍기를 실시하는 등, 경기 외적인 측면에서의 교육적인 배려도 많이 포함되어 있다.

장차 본 검정 제도가 전국적인 규모로 발전하면, 골프장 측에서도 어린이의 실력 수준을 쉽게 파악할 수 있기 때문에, 가까운 미래에 코스에서 어린이들끼리 라운딩하는 날이 실현될 것이라고 기대한다.

기능 시험에서는 매너도 채점 범위에 들어간다. 물론 전동차는 이용 금지이며, 자신의 골프백에 디봇용의 모래 주머니를 맨 상태에서 직접 백을 어깨에 메고 라운딩을 한다.

문의처 사단법인 전일본 골프 연습장 연맹
〒 150-0001
도쿄 시부야꾸 징구마에 6-2-6
하라쥬꾸 아까네 빌딩 2층
TEL: 03-3486-0753
URL: http://www.jgra.or.jp

제8장

코스 데뷔

Course
Debut

골프장에 도착하면

처음 라운딩하는 날. 골프장에 도착했다고 해서 곧장 라운딩이
가능한 것은 아니다. 어린이를 기다리고 있는 곳은
골프장의 제1관문인 클럽 하우스이다.

골프장에 도착하면, 먼저 클럽 하우스의 프론트에서 상냥하고 활기찬 목소리로 인사를 하고, 마련되어 있는 종이에 자필로 이름을 쓰고, 락카실 열쇠를 건네받는 등 일련의 체크인 과정에 대해 가르치자.

체크인을 마친 후 락카실로 이동하는 도중에, 어린이의 눈길을 끌 만한 매력적인 장소가 여기저기 있다. 로비에는 푹신푹신한 소파가 놓여 있으며, 매점에는 평소에 보지 못한 물건들이 많이 진열되어 있다. 골프장에 처음 온 어린이라면 더욱 흥분하기 시작한다. 이러한 상황 속에서 어린이가 지금까지 가르친 매너를 잘 지키고 있는지, 어린이에게서 눈을 떼지 않은 채 확인을 하자.

골프의 매너는 골프장에 도착한 시점에서 시작된다. 기본은 연습장과 동일하다. 주위 사람들에게 폐를 끼치지 않을 것, 위험한 행동을 하지 않을 것 등을 잘 지키고 있는가.

어른과 함께 한 라운딩 횟수가 많다고 결코 방심해서는 안된다. 만약 비슷한 또래의 어린이와 함께 라운딩을 하는 날이거나, 골프장에서 알게 된 또래의 어린이를 만나면, 지금까지 잘 지켰던 매너가 순식간에 무너지는 경우가 허다하다.

골프장에 가기 전에 예상할 수 있는 상황이나 기본적인 매너를 어린이에게 사전에 가르치자.

클럽 하우스에서의 매너

클럽 하우스는 골프장의 얼굴에 해당하는 장소이기 때문에 어른들도 클럽 하우스에 들어갈 때는 재킷을 입는다든지, 단정하지 못한 차림으로 어슬렁거리지 않도록 주의를 하는 장소이다.

이러한 클럽 하우스 안에서 어린이가 들떠서 떠들거나 뛰어다니면 '어린이라서' 라고 이해하고 넘어가는 어른들이 더러 있을지 모르겠으나, 유쾌하게 생각하지 않는 사람들이 더 많으리라 생각한다. 그리고 '저 골프장은 어린이들 때문에 시끄럽다' 라는 소문이 나돌게 되면, 모처럼 어린이를 위한 프로그램을 준비한 골프장 측에 폐를 끼치는 결과를 초래한다. 코스 내에서는 물론 클럽 하우스에서의 매너도 아주 중요하다.

부모가 유의할 사항

- 골프장에 도착하면 무엇을 해야 하는지 가르친다.
- 클럽 하우스가 어떤 장소인지 상세히 가르친다.
- 클럽 하우스에서 해서는 안되는 행위에 대해 사전에 일러둔다.
- 기본적인 매너를 가르친다.
- 평소부터 인사성이 밝도록 잘 가르친다.
- 그 외 생각할 수 있는 제반 주의 사항을 사전에 일러둔다.
- 큰소리로 어린이를 꾸짖지 않는다.

해서는 안되는 행위

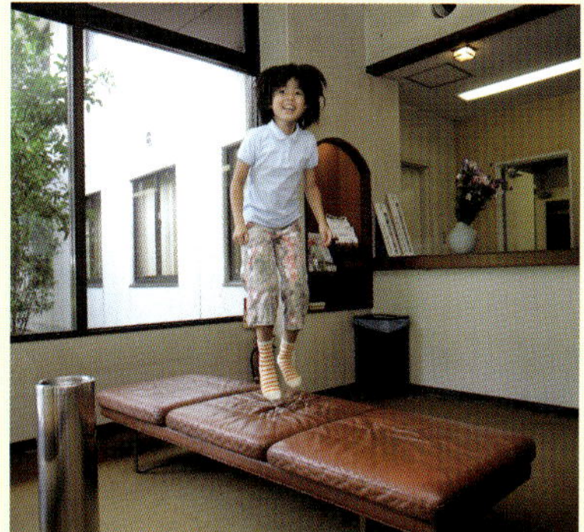

- **로비나 라운지에 놓여 있는 소파 위에서 뛰는 행위**
  - 복도나 레스토랑, 라운지 등에서 뛰어다니는 행위
  - 큰 목소리로 떠들거나 소리치는 행위
  - 가구 등을 만지거나 끌고 다니면서 노는 행위

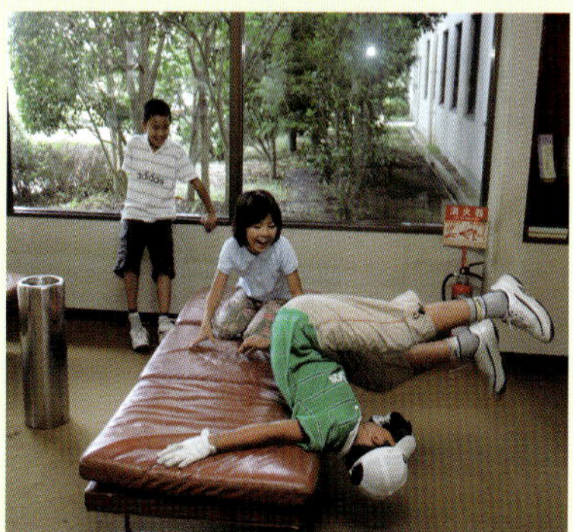

- **눕거나 신이 나서 뛰어다니는 행위**
  - 직원이나 다른 손님들에게 실례되는 말을 하는 행위
  - 걸어가면서 먹거나 마시거나 하는 행위
  - 손님이라고 거들먹거리는 행위

- **매점에 있는 물건을 만지면서 노는 행위**
  - 물건이나 쓰레기를 아무 데나 버리는 행위
  - 다른 사람에게 장난을 걸거나 피해를 입히는 행위
  - 장난감을 여기저기 흐트러뜨리거나 소리가 나는 게임을 하는 행위

- **매점에 진열된 클럽을 휘두르는 행위**
  - 여기저기 기웃거리는 행위
  - 무료로 제공하는 물건이나 팸플릿 등을 대량으로 가져가는 행위

워밍업

라운딩을 하기 전에 반드시 준비 체조로 근육을 풀 것. 부상을 방지함과 동시에 장시간에 걸친 이동으로 딱딱해진 근육을 풀어줌으로써 실력을 향상시킬 수 있다.

준비 체조의 포인트는 숨을 멈추지 않은 채 릴랙스한 상태에서 행하는 것이다. 모든 운동을 3-4회 반복한다. 특히 딱딱해진 부분을 스트레칭할 때에는 억지로 하는 것이 아니라 시간을 두고 천천히 숨을 내쉬면서 실행한다.

골프에서는 눈도 중요한 역할을 한다. 컵을 정확하게 겨냥할 수 있도록 몸뿐만 아니라 눈 운동도 해두자.

먼저 릴랙스한 상태에서 심호흡. 양팔을 좌우로 벌리면서 코로 깊게 숨을 들이쉬어, 입으로 천천히 내뱉는다.

과감하게 발돋움을 하여 전신을 스트레치. 발끝에서 허리, 가슴, 팔, 손목까지 확실하게 펴지는 것을 느끼자. 손끝을 주욱 펴 스트레칭을 한 후 단숨에 팔을 밑으로 내려 전신의 힘을 뺀다.

3의 경우, 상반신을 젖히거나 무릎을 굽히면 NG. 허리가 뒤틀리지 않도록 상반신을 위로 주욱 편 상태에서 중심 이동한다.

2와 동일한 움직임으로 충분히 몸을 푼 후, 그 자세에서 몸 중심을 좌우로 이동한다.

어깨를 돌리는 운동. 팔을 좌우로 주욱 편 후 앞뒤로 돌린다. 어깨 관절의 힘을 뺀 후, 견갑골을 움직이는 것이 포인트이다.

어깨를 위로 올린 후, 단숨에 밑으로 내린다. 이때에도 견갑골을 의식한다.

어깨 너비로 발을 벌린 후, 허리 윗부분을 좌우로 크게 흔든다. 허리의 꼬임은 스윙 중의 중요한 동작이기 때문에, 몸의 힘을 뺀 후에 좌우로 흔든다.

팔의 높이를 허리 → 어깨 → 목 순으로 움직인다. 목에 이르면 허리로 돌아간다.

어깨 너비보다 조금 더 다리를 벌리고 다리 뒷부분을 스트레칭한다. 무릎 뒤에서 허벅지 뒷부분까지 잘 풀어준다.

전신의 힘을 빼고 가볍게 점프. 특히 어깨와 무릎의 힘을 뺀다.

허리를 밑으로 깊게 내리고 다리를 벌린다. 다리 뒷부분과 고관절을 풀어준다.

좌우 발가락을 곧바로 앞으로 향한 자세를 취한 후 아킬레스건을 푼다.

무릎을 굽힌 다리쪽의 종아리를 위한 스트레칭.

견갑골을 중심으로 어깨에서 팔을 편다. 허벅지 안쪽이 펴지는 것을 느끼자.

12의 자세에서 무릎을 안으로 넣는다. 허벅지의 안쪽뿐만 아니라 바깥쪽도 편다.

손목과 발목을 잘 흔들어 푼다. 부상을 입기 쉬운 부분이기에 충분히 부드럽게 한다.

눈 운동. 검지를 코 높이 근처에서 얼굴 쪽으로 다가오게 하면서 손끝을 주시한다. 손끝에 초점을 맞춘 상태에서, 팔을 펴 손가락을 멀리 가져간다. 다시 한 번 얼굴 쪽으로 가져온다. 이 동작을 3-4회 반복한다.

얼굴을 정면으로 향한 채, 눈만을 움직인다. 상 → 우 → 하 → 좌 식으로 오른쪽 방향으로 2번 반복을 한 후, 왼쪽 방향으로 2번 반복한다. 골프에서는 눈도 중요한 역할을 하기 때문에 15의 운동과 함께 이 훈련을 중점적으로 해두자.

목을 크게 천천히 돌린다. 어깨에 힘이 들어가지 않도록 릴랙스 한 상태에서 좌우 2회씩 반복한다.

마지막으로 다시 한 번 어깨를 들어올리는 스트레칭을 한다. 단숨에 어깨의 힘을 뺌과 동시에 숨을 내쉰다.

라운딩을 하기 전에 근육과 관절을 충분히 풀어주면, 실력 향상에 도움이 되며, 여분의 힘이 빠져 멋진 스윙을 구사할 수 있다.

그리고 라운딩 후에도 워밍업 동작 중에서 몇 개의 동작을 골라 마무리 운동을 하자. 특히 딱딱해진 부분이 있으면, 자신의 스윙 버릇을 파악할 힌트를 얻을지 모른다.

라운딩하기 전에

라운딩하기 전에 워밍업을 하는 것이 중요하다. 그리고 드라이빙 레인지에 가서
볼을 몇 개 날린 후, 연습 그린에서 잔디의 감촉과 터치를 확인한 다음에
라운딩에 임하자.

라운딩 전에 워밍업을 하는 것은 아주 중요하다. 근육을 충분히 풀어준 후, 라운딩 당일의 샷 컨디션을 확인하기 위하여, 드라이빙 레인지에서 클럽을 바꾸어가면서 볼을 몇 번 쳐 보길 바란다.

그리고 퍼팅의 확인은 신중히 하길 바란다. 코스에 따라 그린의 스피드와 잔디의 종류가 다르다. 연습 그린에서 그린의 스피드와 터치를 꼭 확인해 두자.

처음부터 컵에 볼을 넣는 연습을 할 필요는 없다. 큰 원 안에 볼을 굴려 넣는다는 기분으로 연습을 시작한 후, 서서히 목표 지점을 작게 가져가는 연습을 하길 바란다. 여러 가지 각도와 거리에서 연습을 해두자.

어느 정도 익숙해지면 점점 목표 지점을 작게 하여, 미묘한 터치를 확인한다.

처음엔 큰 목표 안에 볼을 굴려 넣는다는 느낌으로, 그린의 스피드와 자신의 터치를 확인한다.

그린의 속도를 측정해 본다.

그린에서 볼이 어느 정도 굴러가는가를 재보는 것도 좋은 방법이다. 이 방법은 평소에 집안에서 연습할 때 사용하는 퍼팅 매트를 기준으로 한다. 먼저 금속으로 만든 레일 등을 이용하여 매번 일정한 각도에서 볼을 굴려, 볼이 정지한 지점까지의 거리를 재둔다. 그런 다음에 코스의 연습 그린에서 동일한 요령으로 볼을 굴려 볼이 굴러간 거리를 재보면, 퍼팅할 때 힘조절을 어느 정도 해야 되는가에 대한 힌트를 얻을 수 있다.

기구를 사용하여, 평소에 연습하는 퍼팅 매트의 스피드와 비교해 보는 것도 좋은 방법이다. 금속으로 만든 레일 등을 사용하여 동일한 각도에서 볼을 굴려 거리를 재본다.

어린이의 집중력이 지속되는 시간은 약 한 시간(4홀 정도)이 한계이다.

어린이의 집중력은 기껏해야 2시간 정도 지속된다. 초등학교 저학년일 경우 30분 정도 지속되면 좋은 편이라고 할 수 있다. 즉 처음 라운딩을 하는 어린이에게 9홀이나 18홀을 주문하는 것은 무리다. 어린이가 4홀 정도의 라운딩을 무사히 마칠 수 있으면 성공이라고 생각하라.

그리고 첫 라운딩에서 긴장하기는 어른이나 어린이나 마찬가지다. 그러므로 어린이가 볼을 잘 못 때리는 것은 당연한 일일지도 모른다. 나중에 소개하겠지만, 라운딩 중 누구나 여러 가지 트러블에 직면하기 마련인데, 그런 상황에서 어린이에게 새로운 기술을 이것저것 가르친다 하더라도 그 자리에서 당장 성과를 기대하기는 힘들다. 라운딩 당일은 목표를 하나만 정한 후 욕심 부리지 않고 라운딩할 수 있는 환경을 만들어 줄 것을 권장한다.

그리고 라운딩에는 많은 시간이 소요된다. 뒤팀을 신경 쓰면서 조급하게 라운딩하기보다는 일부러 그날의 마지막 스타트 시간을 선택하여, 시간에 구애받지 않고 즐겁게 라운딩하는 것도 어린이에게는 좋은 선물이 될 것이다.

라운딩 중에는 어린이에게 시시콜콜 말하지 않는다

처음 코스에 나가면 어린이도 나름대로 긴장을 하기 마련이다. 연습장에서 별 어려움 없이 잘 했던 스윙이 갑작스럽게 난조를 부리는 경우가 허다하다. 옆에서 그런 광경을 지켜보고 있자면 안절부절못하는 것이 부모 마음일 것이다. 그리고 뒤팀에 신경이 쓰일지도 모른다. 그러나 어쩔 줄 몰라 하는 것은 어린이도 마찬가지이다.

그러한 상황에서 어린이에게 과도하게 기술을 가르치거나 시시콜콜 말을 거는 행위는 오히려 역효과를 초래하기도 한다. 침착하게 어린이가 평상심을 찾도록 도와주는 것이 최선책이다.

그리고 라운딩 중에 평소에 보기 힘든 동물이나 곤충을 보게 되는 경우가 있다. 이런 상황에서 코스 자체가 넓고 아무도 없는 특수한 공간으로 여겨져 신나게 뛰어다니는 어린이가 있을 수도 있다. 이것은 여태껏 잘 지켰던 코스에서의 매너에 대한 의식이 어린이의 머릿속에서 완전히 지워진 것을 의미한다.

물론 이런 경우에 주의를 주지 않으면 안되지만, 벌컥 화를 내거나 큰소리로 꾸짖거나 하는 행위는 자제하자. 침착하게, 어린이에게 매너를 상기시켜, 왜 그렇게 하면 안되는지, 했을 때 자신에게 어떠한 위험이 도사리고 있는지 등에 대해 알기 쉽게 가르쳐 주자. 어른들의 꾸짖는 소리나 어린이의 울음소리, 설교 등은 주위 사람들에게 불쾌감을 줄 뿐이다.

라운딩 중의 매너와 주의점

무슨 일이든지 위험은 따르기 마련이다. 코스에서의 매너는 철저히 지킨다.
귀찮다고 자신의 플레이에만 신경을 집중하면, 예상치도 못한 일이 벌어질 수 있다.

골프 매너 중에는, 경기자와 동반 경기자의 안전을 생각하여 만들어진 것이 많이 있다. 경기 중의 사고를 미연에 방지하기 위해서라도 철저하게 매너를 익혀두자.

특히 처음 라운딩을 하는 코스의 경우, 사전에 이것저것 설명을 해도, 별로 실감이 나지 않는 것이 어린이다. 라운드 중에 다시 한 번 찬찬히 설명을 해주자.

티잉 그라운드에서

티잉 그라운드에서의 주의점은, 대기중에 있는 사람들이 서 있는 위치이다. 볼을 치는 사람보다 앞이나 정면에 서 있게 되면, 경기자의 시야에 들어가 방해가 될 뿐만 아니라, 미스 샷을 날렸을 때 볼에 맞을 위험이 있다. 반드시 경기자의 후방 지역에 서 있도록 가르치자.

그리고 볼의 후방에 서 있는 것도 매너가 아니다. 볼 근처에 서서 그림자를 만들지 않도록 유의하자.

시야에 들어가는 위치에 서지 않는다. 기다릴 때 자세를 바로 한다.

볼보다 앞에 서 있으면 볼에 맞을 위험이 있다.

티잉 그라운드에서의 주의점
- 볼보다 앞에 서지 않는다.
- 경기자의 시야에 들어가는 장소에 서지 않는다.
- 경기자가 볼을 칠 때 말하지 않는다.
- 큰소리를 내지 않는다.
- 그림자를 만드는 행위 등에 주의한다.

페어웨이에서

페어웨이에서는 핀에서 멀리 떨어져 있는 볼부터 순서대로 스윙을 한다. 그리고 동반 경기자가 스윙을 하는 것을 기다릴 때에도 그 경기자보다 후방에서 기다리는 것이 기본이다. 정면에 서거나, 볼 근처에 서서 그림자를 만들지 않도록 주의한다.

그리고 누군가가 스윙을 하려고 준비할 때, 근처에서 캐디백을 메고 달랑달랑 소리를 내거나, 피곤하다고 잔디 위에 드러눕거나, 다른 사람과 말을 하는 행위 등등 경기에 방해되는 행위를 하지 않도록 주의를 주자. 그리고 어린이가 친 볼이 숲 속이나 언덕 밑으로 날아

핀에서 멀리 있는 볼부터 먼저 친다.

눕거나, 시야에 들어가는 위치에 서 있지 않는다.

갔을 때, 어린이 혼자서 볼을 찾으러 가지 않도록 주의를 주며, 옆 홀에서 볼이 날아올 수도 있다는 사실을 일러둔다.

페어웨이에서의 주의점
- 볼을 치는 순서를 가르친다.
- 다른 사람이 스윙을 할 때 대기하는 위치를 가르친다.
- 다른 사람이 칠 때 지켜야 할 매너를 가르친다.
- 디봇을 수리하는 방법을 가르친다.
- 옆 홀에서 볼이 날아올지도 모른다는 위험성을 알려준다.

디봇을 수리하는 방법을 가르친다

라운딩을 할 때에는 반드시 모래 주머니를 지참하게 한다. 스윙한 후에 생긴 디봇을 반드시 모래로 정비하게 한다. 그리고 디봇을 정비하는 것은 다른 경기자에 대한 최소한의 매너란 점을 알려준다.

동반자가 스윙을 할 때, 볼보다 후방에서 대기한다.

벙커에서

벙커 안에서는 지켜야 할 룰이 몇 가지 있다. 먼저 벙커 안에서는 손이나 클럽을 모래에 닿게 해서는 안된다. 그리고 낙엽 등을 주워서도 안된다.

벙커 안에 들어갈 때는 낮은 곳에서부터 들어가는 것이 매너이며, 높은 곳에서부터 벙커 안으로 들어가지 않도록 가르치자. 스윙을 한 다음에는 스윙 자국이나 발자국을 갈퀴로 지우면서 들어온 쪽으로 나간다. 사용한 갈퀴를 벙커 앞쪽에 두지 않도록 주의하자.

스윙 전에 헤드를 모래에 닿게 해서는 안된다.

벙커에는 높은 곳에서부터 들어가면 안된다. 반드시 낮은 곳에서부터 벙커에 들어간다.

벙커 안에서 놀지 않는다.

벙커 안에서는, 스윙하기 전에 손이나 클럽을 모래에 대는 것이 금지되어 있다. 만약 공식경기일 경우에는 벌타가 주어진다. 연습 라운드에서 연습을 위한 경우라면 허용되는 경우도 있으나, 무심결에 모래를 건드리는 경우가 생길 수 있으므로 주의하자.

자신이 만든 자국은 모두 지운다.

벙커 안에서 자신이 만든 발자국이나 스윙 자국은 근처에 놓여 있는 갈퀴를 가지고 반드시 지운다. 발자국 등을 그대로 방치해 두면 다음 사람의 볼이 그 자리에 놓였을 때 치기 힘들다는 사실을 알려준다. 그리고 갈퀴를 놓아두는 장소를 정확하게 가르친다.

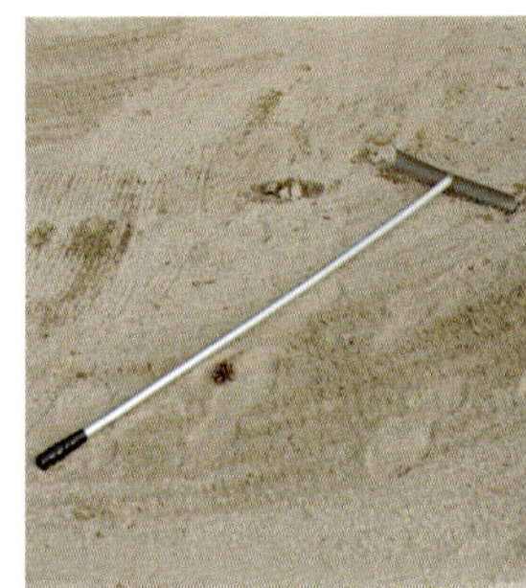

갈퀴를 벙커 안에 방치하거나, 벙커 앞쪽에 놓아두면 안된다.

그린에서

그린에서 지켜야 할 매너가 많이 있다. 퍼팅 자체가 고도의 집중력을 필요로 한다는 사실을 어린이에게 알려주자.

우선 그린에 도착하면 자신의 볼에 의해 생긴 볼 자국을 없애는 방법을 가르친다. 그리고 퍼팅 라인을 이해하지 않으면 안된다. 그린 위에서는 다른 사람의 퍼팅 라인을 밟지 않으면서 이동해야 한다. 그리고 이동할 때 스파이크 자국이 생기지 않도록 주의하며, 물론 뛰어서도 안된다.

최초에 그린에 볼을 올려놓은 사람은 마지막으로 동반 경기자가 그린에 볼을 올린 다음에 깃대를 뽑는다.

볼 자국을 없애는 법

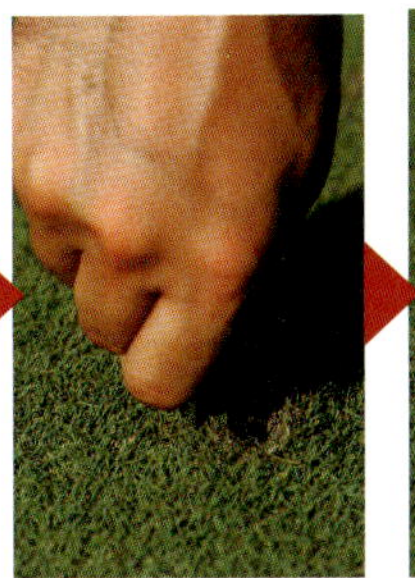

볼이 떨어진 곳에 생기는 흔적을 볼 자국이라고 한다.

그린 포크를 찔러, 볼 자국 쪽으로 주위의 흙을 민다.

볼 자국 주위의 서너 군데 방향에서 동일한 요령으로 흙을 민다.

마지막으로 퍼터의 솔을 이용하여 그린이 편평해지도록 위에서 누른다.

볼을 마크하는 방법을 자세하게 가르치자. 동반 경기자의 퍼팅 라인 상에 볼이 놓여 있는 경우에는 퍼팅 라인에서 조금 벗어난 지점에 마크한다. 그 외, 그린 위에서 대기하는 위치와 매너에 대해 가르친다.

> **그린 위에서의 주의점**
> - 볼 자국을 지운다.
> - 깃대를 뽑고 세우는 것
> - 깃대를 놓아두는 장소
> - 퍼팅 라인의 개념
> - 마크
> - 기본적인 매너

퍼팅 라인

동반 경기자의 퍼팅 라인을 밟아서는 안된다.

동반 경기자의 퍼팅 라인에 그림자가 생기는 위치에 서지 않도록 주의한다.

그린에서도 컵에서 멀리 떨어져 있는 볼의 순서로 퍼팅을 하기 때문에, 동반 경기자의 퍼팅 라인에 자신의 마크가 위치할 경우에는 퍼팅 라인에서 조금 벗어난 지점에 마크를 하지 않으면 안된다. 목표물을 정한 후, 볼의 뒤쪽에 퍼터의 솔을 댄 후, 뒤쪽(퍼터의 힐측)으로 마크를 이동시키는 것이 통상적인 방법이다.

깃대를 뽑고 세우는 법

컵에서 멀리 있는 사람을 위해 깃대를 가지고 컵의 위치를 일러주는 것도 매너의 하나이다. 퍼팅을 한 다음 깃대를 뽑아 그린 밖에 놓아둔다. 이때 막대기 부분이 컵 방향을 향하도록 놓으면 눈에 거슬리지 않는다. 최초에 컵인한 사람이 마지막에 깃대를 원래 위치에 세워놓는다.

연습장과 코스의 차이

연습장에서는 볼이 척척 잘 맞았는데 코스에서는 왠지 모르게
잘 맞지 않는 경험을 한 적이 많을 것이다.
어린이의 스윙을 평소부터 잘 확인하자.

연습장과 코스의 차이점을 알아두자.

연습장에서 열심히 연습을 하는데도 코스에 나가기만 하면 뒤땅을 치기 일쑤인 경우가 많다. 이러한 더프는 특히 잔디 위에서 샷을 날릴 때 잘 생긴다.

그 이유는 연습장의 인공잔디로 만든 매트와 코스의 천연잔디의 경도 차이 때문이다. 연습장의 매트는 길이가 균일한 인공잔디 밑부분에 쿠션이 들어 있는 구조이며, 매트 밑의 지면은 보통 콘크리트로 되어 있다. 즉 클럽이 다소 뒤땅을 치더라도 매트 위에 미끄러져 볼을 때릴 수 있기 때문에 미스 샷을 해도 잘 알아차리지 못한다.

그러나 천연잔디에서는 조금만 뒤땅을 쳐도 클럽 헤드가 지면에 박혀 버리기 때문에 볼을 정확하게 칠 수가 없다.

평소 때부터 어린이의 스윙을 체크하여, 연습장에서 뒤땅을 치고 있는지 아닌지 확인한다.

코스에서는 착각할 수 있는 요소가 여기저기 산재해 있다. 시각적인 요소에 속지 않도록 주의하자.

매트와 천연잔디의 차이 이외에 생각할 수 있는 것은, 시각적인 착각이다. 연습장에서는 언제나 지면이 거의 수평인 장소에서 스윙을 한다. 그러나 코스에서는 지면이 수평이라는 느낌이 들지라도 '실제로는 꽤 경사진 곳이었다' 등의 경험을 자주 하게 된다.

그리고 실제로 경기자가 착각을 일으키기 쉽도록 설계되어 있는 코스가 많다. 예를 들어 페어웨이 중앙에 키가 낮은 나무가 많이 심어져 있고, 그린 뒤쪽에 키 큰 나무가 많이 있으면, 실제 거리보다 거리가 짧고, 다소 그린 쪽의 위치가 높은 것처럼 느껴진다. 이러한 착각에 의해 어린이가 잘못된 어드레스를 취하지 않는지 확인한다.

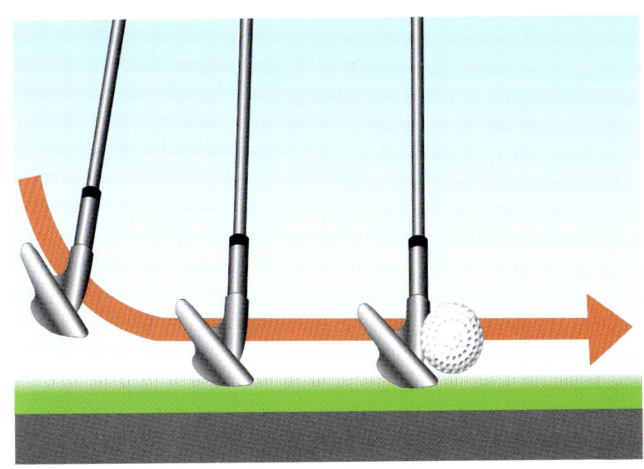

연습장에서 실제로는 뒤땅을 치면서도 정확하게 볼을 때리는 샷. 사실은 매트 위에 헤드가 미끄러져 생기는 결과이다.

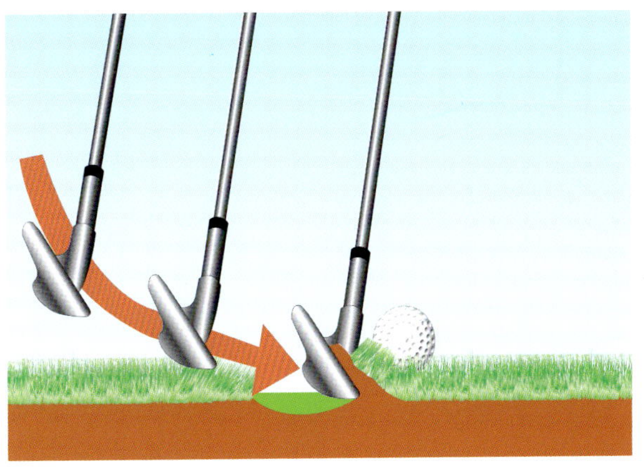

동일한 스윙을 천연잔디 위에서 한 경우. 지면에 아이언 헤드가 박혀 정확하게 볼을 때리는 것이 불가능하다.

페어웨이에서 미스 샷을 연발한다

치기 쉬워 보이는 페어웨이에서
어린이가 헛스윙, 뒤땅, 생크 등 미스 샷을 연발한다.
이럴 리가 없는데… 뒤팀이 따라오기 전에 어떻게든 해야 되는데…

Point

★ 침착하게 말을 건다.

★ 연습장에서 날린 샷을 회상시킨다.

★ 무엇보다 침착해지도록 도와준다.

NG

● '볼을 잘 쳐다봐' … 점점 더 상체를 앞으로 굽힐 뿐이다.

● 부모의 초조함을 느낀다.

● 어린이를 질책한다. 큰소리로 꾸짖는다.

TROUBLE CASE 1

조급한 마음이나 긴장한 나머지 몸에 힘이 들어간 상태에서 상체를 굽히고 있지 않은가?

편평하고 넓은 페어웨이에서 별안간 샷이 난조를 보이는 경우의 대부분은, 뭔가가 원인이 되어 몸에 힘이 들어간 경우이다. 누구든지 볼을 때리려고 집중하면 할수록 상체가 앞으로 굽는 경향이 있다. 이런 경우 코스에서 지도를 한다 할지라도 그 자리에서 효과가 나는 경우는 드물다. 어린이가 평상심을 찾도록 도와준다.

대처 방법

연습장에서와 똑같은 기분을 가지도록 도와주는 것이 최선이다. 클럽을 가슴 앞으로 들게 하여 클럽 헤드의 무게를 느끼게 한다든지, 목표 지점을 확인하게 한다든지, 연습장에서 평소에 연습한 스윙을 하도록 도와준다. 그리고 심호흡이나 가벼운 체조 등 어린이가 릴랙스할 수 있는 동작을 하도록 도와준다.

부모가 먼저 초조해져 버리면 어린이는 덩달아 더욱 더 초조해진다. 먼저 부모부터 냉정을 되찾는 것이 중요하다.

1 클럽을 들어올려 헤드의 무게를 느끼게 한다.

2 볼 후방에서 목표 지점을 확인하게 한다.

3 심호흡을 크게 시켜 마음을 안정시킨다.

4 가벼운 체조를 시켜 몸의 힘을 뺀다.

발가락 쪽이 오르막, 내리막 경사에서 미스 샷을 연발한다

어른들도 미스 샷을 연발하기 쉬운 경사진 곳에서의 샷.
세세한 테크닉보다 밸런스를 흐트러뜨리지 않도록
평소에 연습을 해두자.

Point

★ 하반신을 안정시켜, 몸 전체가 치켜 올라가지 않도록 주의한다.

★ 그립 위치를 이용하여 클럽의 길이를 조절한다.

★ 잔 기술로 해결하려고 하지 않는다.

NG

● 발가락 쪽이 오르막 경사인 경우에는 볼이 왼쪽으로 날아가기 쉽기 때문에 목표 지점을 오른쪽으로 잡아라.

● 발가락 쪽이 내리막 경사인 경우에는 볼이 오른쪽으로 날아가기 쉽기 때문에 오픈 스탠스를 취하라.

● 스윙을 하기 전에 자신의 경험담에 근거한 어드바이스를 한다.

TROUBLE CASE **2**

오르막 경사인 경우, 볼과의 거리가 가까워지기 때문에 그만큼 클럽을 짧게 잡고 스윙을 하는 것이 비결이다. 보통 때와 같이 스윙 동작을 가져가면 밸런스가 흐트러질 가능성이 높기 때문에, 하반신을 사용하지 않은 채 가슴을 수평으로 회전시키는 요령으로 스윙을 하면, 결과적으로 자연스럽고 콤팩트한 스윙이 된다.

발가락 쪽이 내리막인 경사에서는 볼과의 거리가 멀어지기 때문에 어드레스를 취할 때 주의해야 한다. 확실하게 허리를 낮춘 자세를 취하지 않으면, 손만으로 스윙을 하게 된다. 무리하게 볼을 올려치려고 하지 않으며, 피니시 동작에서 몸이 치켜 올라가지 않도록 조심한다.

계단에서의 타월 휘두르기 연습을 상기하자. 특히 발바닥의 감각과 중심을 잡는 법에 신경을 쓴다.

내리막 경사도 마찬가지다. 밸런스를 잡는 것이 무엇보다 중요하다. 발뒤꿈치로 볼을 밟은 채 연습한 것을 상기하자.

대처 방법

발가락 쪽이 오르막 경사인 경우, 평소처럼 어드레스를 취하면 페이스의 앞부분(토 부분)이 경사진 지면에 닿는다. 이럴 땐 클럽을 짧게 잡고 경사진 지면에 솔을 맞추어 스윙을 하면 된다. 그리고 로프트가 없는 클럽을 사용하면 미스 샷의 가능성이 그만큼 줄어든다.

　역으로 내리막 경사의 경우에는 로프트가 있는 클럽으로 정확하게 볼을 때리면 된다. 볼과의 거리가 멀어지기 때문에, 클럽을 조금 길게 잡고 허리를 낮춘 다음, 스윙 중에 상체가 치켜 올라가지 않도록 주의한다.

오르막 경사인 경우

내리막 경사인 경우

왼발 쪽이 오르막, 내리막 경사에서 샷이 난조를 부린다

코스에서는 연습장과는 달리 편평한 장소에서 스윙을 하는 경우가
그리 많지 않다. 경사진 곳에서 샷을 날릴 때에도
기본적인 스윙 폼은 동일하다.

Point

★ 안정된 하반신을 유지하기 위해서는, 낮은 경사 쪽에 위치한 발의 엄지발가락
관절 부분에 체중을 싣는다.

★ 상반신은 경사에 관계없이 수직이 되도록 유지한다.

NG

● 왼발 쪽이 오르막 경사인 경우, 볼을 퍼내는 듯한 스윙을 한다.

● 왼발 쪽이 내리막 경사인 경우, 핸드 퍼스트로 그립을 잡는다.

● 경사에 맞추어 비스듬히 선다.

TROUBLE CASE **3**

경사진 곳에서 샷을 날릴 때의 비결은 하반신을 안정시키는 것이다. 경사에 지지 않는 견실한 밸런스를 유지한 채, 피니시 동작에 이르기까지 상체를 치켜든다든지 앞으로 숙인다든지 하지 않은 상태에서 스윙을 끝까지 가져가는 것이 중요하다. 상반신 주도의 콤팩트한 하프 스윙을 구사한다는 느낌을 가져라. 그리고 자신 있는 클럽을 선택하는 것도 미스 샷을 방지하는 현명한 방법이다.

왼발 쪽이 오르막 경사의 경우, 로프트가 작은 클럽을 선택하면 미스 샷이 날 확률이 줄어든다. 반대로 로프트가 큰 클럽을 잡으면 잡을수록 미스 샷이 날 확률이 높다.

왼발 쪽이 내리막 경사의 경우, 로프트가 작은 클럽을 잡고 스윙을 하면 볼이 오른쪽으로 날아가기 쉽다. 이 경우에는 로프트가 큰 클럽을 잡고 지면 경사에 따라 스윙을 하는 것이 좋다.

평소에 경사진 곳을 걸으면 몸의 밸런스를 자연스럽게 익힐 수 있다.

대처 방법

왼발 쪽이 오르막 경사일 경우

볼을 건져올리는 듯한 스윙을 할 것이 아니라, 경사면에 따라 스윙을 하는 것이 중요하다. 하반신을 안정시킨 후, 피니시에서 상체를 치켜들지 않도록 주의하자. 오른발 안쪽에 체중을 실으면 쉽게 밸런스를 잡을 수 있다.

오른발 새끼발가락으로 볼을 밟으면서 오른발의 엄지발가락 관절 부분에 체중을 싣는 연습을 한다.

경사에 따라 어드레스를 취하면 스윙할 때 밸런스가 흐트러지기 쉽다.

대처 방법

왼발 쪽이 내리막 경사일 경우

오른쪽 무릎을 굽혀 왼발 안쪽을 의식할 수 있도록, 무릎을 유연하게 굽혀 중심을 낮춘다. 배꼽이 지면을 향한 채 스윙을 하는 듯한 이미지. 그립을 길게 잡지 않도록 주의한다. 피니시 동작에서 몸을 치켜들지 않도록 주의한다.

왼발 새끼발가락으로 볼을 밟으면서 왼발의 엄지발가락 관절 부분에 체중을 싣는 연습을 한다.

경사에 대해 수직으로 서면 몸이 열리기 쉽다.

러프에서 볼이
빠져나오지 않는다

러프 샷은 힘이 들어가기 마련이다.
벙커 샷에서 연습한 '잔디 깎기 샷'을 회상시켜,
정말로 잔디를 깎는 스윙을 한다. 목표를 겨냥하는
방법이나 클럽 선택에 대해 지도한다.

Point

★ '잔디 깎기 샷'을 상기시킨다.

★ 샷의 목표 지점은 페어웨이의 치기 쉬운 곳

★ 러프가 깊으면 어린이가 잡고 있는 클럽을 다시 한 번 확인한다.

NG

● 최단거리를 겨냥하게 한다.

● 힘껏 스윙하라고 한다.

● 볼의 반 이상이 숨어 있는 러프에서 유틸리티를 사용하게 한다.

TROUBLE CASE 4

러프에 볼이 빠진 경우, 핀까지의 남은 거리에 구애받지 말고, 러프에서 볼을 탈출시키는 것에만 신경을 쓴다. 러프가 꽤 깊어 볼이 빠져나올 것 같지 않으면, 벙커 샷에서 연습한 '잔디 깎기 샷'을 구사한다. 우선은 웨지 등의 로프트가 있는 클럽으로 클럽을 바꾸어 잡고, 바운스가 지면에 미끄러지는 듯한 감각으로 잔디를 깎는 듯한 스윙을 하도록 지도한다.

핀까지 거리가 남아 있더라도 무리하지 말고 가까운 페어웨이에 볼을 옮기는 것이 최선의 선택이다. 조급한 나머지 볼을 멀리까지 보내려고 작심을 하고 한 스윙이 헛방이 되면 더더욱 골프가 어렵게 된다.

대처 방법

러프에서 탈출하고자 할 때 무엇보다 중요한 것이 클럽 선택이다. 물론 러프의 길이와 남아 있는 거리를 감안하여 클럽을 선택해야 하지만, 그러한 선택이 어린이에게는 무리일 경우가 많다. 안전이 최우선이다. 러프에서 탈출할 수 있는 클럽을 잡고 스윙을 하는 것이 최선책이다.

거리가 남아 있는 깊은 러프에서 어린이가 유틸리티를 잡고 스윙을 시도하려고 하면, 짧은 클럽으로 바꾸어 잡게 하라. 그리고 볼을 옆에서 보았을 때 머리부분이 반 이상 나와 있지 않을 경우, 유틸리티를 사용하지 않도록 지도하라.

그리고 러프에서 겨냥하는 목표 지점에 대해 알려주자. 무리하게 비거리에 집착하여 미스 샷을 날리거나, 한 번에 탈출하는 데 실패하기보다는, 확실하게 러프에서 탈출할 수 있는 페어웨이를 목표 지점으로 삼는 것이 현명하다. 그리고 러프에서의 샷은 평소보다 비거리가 짧다는 사실도 설명해 두자.

러프가 깊을 때에는 주저없이 웨지를 잡고 '잔디 깎기 샷'을 시도한다.

볼이 반 이상 숨어 있는 깊은 러프에서는 유틸리티를 잡지 않는다.

베어 그라운드에서 볼을 치는 법

인간의 심리는 때에 따라서 현실과 정반대로 작용한다.
토핑이 두려운 베어 그라운드에서는 반대로 토핑하는 마음으로,
뒤땅이 두려운 디봇에서는 클럽 헤드를
위에서 떨어뜨리는 듯한 느낌으로 스윙을 한다.

Point

★ 베어 그라운드에서는 토핑하는 느낌으로 볼을 친다.

★ 디봇에서는 위에서 헤드를 떨어뜨리는 듯한 느낌으로 볼을 친다.

NG

● 자신의 선입감을 어린이에게 주입시킨다.

● 긴 세월에 걸쳐 터득한 자신의 테크닉을 주입시킨다.

● 이것저것 어드바이스를 하여 특별한 의식을 지니게 한다.

베어 그라운드에서는 토핑을 하는 식으로, 디봇에서는 헤드를 위에서 떨어뜨리는 식으로 볼을 친다.

베어 그라운드에서 샷을 날리면 토핑이 잘 나기 때문에, 자연히 볼을 건져올리는 듯한 스윙을 구사하기 쉽다. 그러나 건져올리는 듯한 스윙을 구사하면 십중팔구 토핑이 난다. 볼 뒤쪽의 지면에 솔이 먼저 닿는다든지, 바운스가 튕겨나가 토핑이 나게 된다.

디봇은 반대로 뒤땅이 두려운 나머지 볼의 윗부분을 때리는 미스를 범하기 쉽다.

대처 방법

이것저것 어드바이스를 하여 쓸데없는 생각을 가지지 않도록 한다.

경험이 적은 어린이는 새로운 상황에 대해 선입관을 가지고 있지 않다. 그러한 어린이에게 이것저것 어드바이스를 하면 '이 샷은 분명 성공하기 어려운 샷이다' 라고 생각하고 만다.

어쩌면 샷에 대한 자신의 서투른 의식을 무리하게 어린이에게 주입하는지도 모른다. 그러나 아무리 어린이일지라도 한번 각인된 잘못된 의식은 좀처럼 지워지지 않는다. 어린이에게 무책임한 어드바이스를 하는 것을 삼가자.

베어 그라운드의 경우

베어 그라운드에서는 다소 토핑을 한다는 느낌으로 스윙을 하면 볼의 밑부분을 때릴 수 있다.

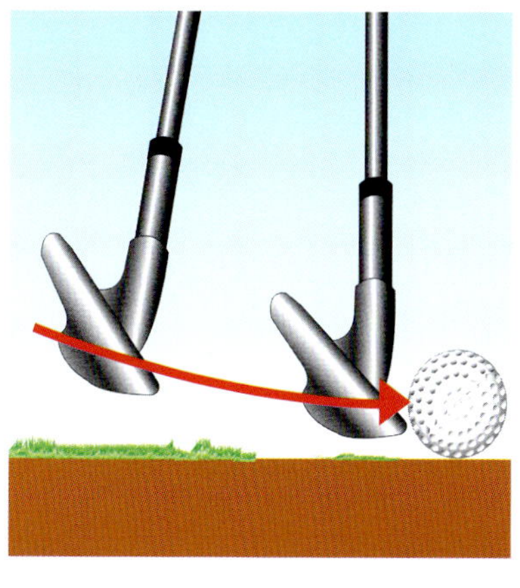

디봇의 경우

디봇에서는 위에서 클럽 헤드를 떨어뜨리는 듯한 느낌으로 볼을 치면 볼 후방의 잔디를 건드리지 않는다.

벙커에서 볼을 탈출시키기가 힘들다

벙커 샷에 자신감을 잃은 사람이 많다.
어린이가 '벙커 샷은 어렵다' 라는 선입관을
갖지 않도록 하는 것을 최우선 목표로 삼는다.

Point

★ 벙커 밖에서 '잔디 깎기 샷' 을 연습시킨다.

★ 연습장에서의 연습을 상기시킨다.

★ 몸이 굳어지지 않도록 신경을 쓴다.

NG

● 갑자기 새로운 기술을 가르친다.

● 특별한 의식을 가질 만한 어드바이스를 한다.

● 나쁜 예를 들어 설명한다.

TROUBLE CASE 6

벙커에서는 '페이스를 열고 어드레스를 오픈하라' 등 페이스를 사용하여 볼을 건져올리는 것에만 신경을 쓰는 사람이 많다.

물론 어른의 경우는 그것도 하나의 방법이라고 생각한다. 그러나 골프를 처음 시작한 어린이에게 지금까지 지도한 스윙과 전혀 다른 스윙을 가르치면 어린이는 스윙에 대한 기본적인 개념이 헷갈리게 되며 혼란에 빠진다. 이유도 알지 못한 채 단지 벙커 샷은 이런 식으로 한다고 생각할지 모른다.

실제로, '본인은 페이스를 열었다고 여길지 모르지만, 핸드 퍼스트로 어드레스를 취한 탓에 실제로는 페이스를 세운 채 위에서 찍어 치는' 그러한 미스 샷을 구사하는 어른들이 많다.

그리고 아직 팔 힘이 약한 어린이에게 페이스를 연 채로 스윙을 구사하라고 주문하는 것은 적절치 않다. 그러한 스윙을 가르치면 '벙커 샷은 무겁다' 라고 이해하기 쉽다.

연습장에서 연습한 스윙을 상기시켜, 벙커에 대한 특별한 의식을 지니지 않도록 하자. 근처에 있는 러프에서 '잔디 깎기 샷'을 몇 번 연습한 후, 벙커 샷을 하게 하라.

대처 방법

실제로 벙커 안에 들어가면 연습장과는 환경이 판이하게 다르기 때문에, 매트 위에서 연습한 벙커 샷을 떠올리기가 쉽지 않다. 그러므로 어린이에게 매트 위에서 연습한 벙커 샷을 다시 한 번 상기시키는 것이 어른들의 역할이다.

우선은 벙커 주위의 러프에서

'잔디 깎기 샷'을 몇 번 연습시킨다. 벙커에 들어간 뒤에도 볼의 후방에 서게 한 후, 클럽으로 목표 지점을 가르키면서, 어드레스를 취하는 순서 등을 상기시킨다.

어드레스를 취한 후에도 몸에 힘이 들어간 듯하면, 모래를 건드리지 않도록 주의하면서 가볍게 연습 스윙을 시키는 것도 효과적이다.

벙커에 들어가기 전에 근처의 러프에서 '잔디 깎기 샷'을 연습한다.

볼의 후방에서 목표 지점을 정한 후, 어드레스를 한다.

어깨 힘을 빼기 위하여, 볼 위에서 연습 스윙을 한번 한다.

벙커 안의 라이가 좋지 않을 때

벙커 안의 라이가 좋지 않을 때, 필요에 따라
지금까지 연습한 적이 없는 스윙을 가르칠 수가 있다.
그러나 기본적인 스윙과 전혀 동떨어진 스윙을
가르치는 것은 삼가야 한다.

Point

★ 어드레스 형태를 바꾸지 않은 채, 페이스의 방향을 조정한다.

★ 경사진 곳에서의 스윙도 기본적으로 페어웨이에서의 스윙과 동일하다.

★ '~의 이미지' 식으로 감각적으로 가르치는 것이 좋다.

NG

● 스윙 폼이나 어드레스를 수정한다.

● 신체의 구체적인 부분을 사용하는 방법을 설명한다.

● 필요 이상으로 상황을 어렵게 설명한다.

TROUBLE CASE 7

벙커 상황별로 스윙을 구분하는 법

1 볼이 반 이상 모래에 박혀 있는 경우

볼이 반 이상 모래에 빠져 있는 경우에는 위에서 내려쳐도 좋은 결과를 기대할 수 없다. 왼쪽으로 몸 중심을 이동하고 헤드를 위에서 떨어뜨린다. 페이스를 덮어씌운 듯이 잡고 페이스의 끝(토) 부분부터 모래에 들어가도록 스윙을 한다.

2 단단한 모래와 부드러운 모래에서의 샷

바운스가 튕겨 나가지 않도록 어프로치를 하는 감각으로 스윙을 한다.

'잔디 깎기 샷'의 요령으로 바운스를 이용하여 모래를 날린다.

3 벙커 안의 왼발 오르막 경사와 왼발 내리막 경사

왼발 쪽이 오르막 경사

통상의 왼발 쪽 오르막 경사 때와 동일한 요령으로, 볼을 건져올리려고 하지 않은 채, 먼저 하반신을 안정시킨 상태에서 경사에 대해 위에서 클럽을 떨어뜨리는 듯이 볼 후방의 모래를 때린다.

왼발 쪽이 내리막 경사

왼발 쪽이 내리막 경사인 페어웨이에서의 스윙 요령과 동일하게, 왼발 안쪽에 몸의 중심을 두고 배꼽이 밑을 보도록 상체를 굽힌 후, 피니시까지 몸을 치켜들지 않도록 주의하면서 볼 후방의 모래를 때린다.

4 발가락 쪽이 오르막 경사와 내리막 경사

발가락 쪽이 오르막 경사

볼과의 거리가 가깝기 때문에, 볼을 올려치기 쉬우나, 통상의 발가락 쪽 오르막 경사와 마찬가지로, 클럽을 짧게 잡고 가슴을 수평으로 회전시킨다는 마음으로 스윙을 한다.

발가락 쪽이 내리막 경사

볼에서 멀리 떨어지기 때문에, 헛스윙이 두려운 나머지 손만으로 스윙하기 쉽지만, 허리를 낮춘 상태에서 피니시까지 몸을 치켜들지 않도록 주의하면서 스윙을 한다.

쳤다 하면 볼이 연못에 빠진다

눈앞에 연못이나 벙커가 놓여 있을 때, 그곳에 볼을 빠트리면 안된다는 생각이 지나치면
자신도 모르는 사이에 몸에 힘이 들어가게 되며, 결과적으로 미스 샷을 연발한다.
이럴 때에는 어린이의 시점을 바꾸어 주는 것이 중요하다.

TROUBLE CASE 8

Point

★ 전방에 구체적인 목표를 설정한다.

★ 긴장을 풀게 한다.

★ 다른 루트를 가르친다.

NG

● 뒤팀이 기다리는 데도 불구하고, 포기하지 않고 계속 샷을 하게 한다.

● 필요 이상으로 무리하게 넘기려고 한다.

● 어린이의 생각을 무시한 채 강요한다.

눈앞에 놓여 있는 넓은 연못. '어린이는 볼을 넘기려고 덤비지만, 넘기기 힘들 것 같다…' 라는 생각이 들지 몰라도, 우선은 어린이의 의지를 존중하는 것이 중요하다.

단 눈앞에 펼쳐진 연못에 어린이가 기가 질린 상태라면, 적극적으로 나서서 어린이의 생각을 바꾸어 줄 필요가 있다. 즉 목표 지점을 다른 곳으로 바꾸게 하고, 목표 지점을 향해 볼을 때리는 이미지를 머릿속에서 구체적으로 그리게 한다.

반복해서 연못에 볼을 빠뜨리는 경우에도, 다른 루트를 알려주거나 포기하도록 설득하는 것이 필요하다.

대처 방법

해저드를 넘기는 샷의 경우, 막연히 '넘기지 않으면 안된다' 라는 기분을 가지면 미스 샷을 연발하게 된다. 구체적인 목표물을 설정하거나, 연습 스윙을 하여 신체를 릴랙스시키는 것이 중요하다.

1 구체적인 목표를 설정하여 여분의 힘을 뺀다.

어린이의 의식이 눈앞에 펼쳐진 연못이나 벙커에 집중되기 마련이다. '넘기지 않으면 안된다' 라는 압박감을 떨쳐버리기 위해서는 어린이의 관심이 다른 쪽으로 쏠리게 하는 것이 중요하다. 구체적인 목표 지점을 알려주면 관심이 변하게 되며, 목표를 향해 연습 스윙을 시키는 것도 효과적이다.

2 무리하게 넘기려고 하지 않는다.

현재 어린이가 지닌 능력으론 눈앞에 펼쳐진 해저드를 넘기는 것이 어렵다고 판단되면, 그곳을 피해가는 방법을 가르친다. 무리하게 넘기려고 덤비기보다는 '대용으로 삼을 목표 지점이 어딜까' 라고 선택의 폭을 넓게 가지도록 한다.
몇 번이고 도전하는 것도 좋은 일이지만, 뒤팀이 밀려 있으면, 미련 없이 포기하고 곧바로 이동한다는 마음자세가 필요하다.

오르막, 내리막 경사에서
비거리를 맞추기가 힘들다

오르막 경사나 내리막 경사에서 샷을 할 때는
클럽 선택이 중요하다. 이유를 설명하여 어린이가
이해한 다음에 클럽을 바꾸어 잡도록 하자.

Point

★ 오르막 경사에서는 평소보다 약간 긴 클럽을 잡는다.

★ 내리막 경사에서는 평소보다 약간 짧은 클럽을 잡는다.

★ 클럽을 바꾸어 잡는 이유를 설명한다.

NG

● 아무런 설명 없이 클럽을 바꾸어 잡게 한다.

● 아무것도 가르치지 않은 상태에서 미스 샷을 연발하게 한다.

● 결과만 좋으면 아무런 말도 하지 않는다.

TROUBLE CASE **9**

오르막 경사나 내리막 경사의 경우, 올바른 클럽 선택 방법을 가르치자. 먼저 클럽의 특성상, 클럽의 길이가 길어질수록 로프트가 있어 비거리와 런이 길어진다. 역으로 클럽의 길이가 짧아질수록 비거리와 런이 짧아진다.

즉 오르막 경사의 경우, 보통 때보다 하나 더 긴 클럽을 잡고 런이 나오도록 스윙을 하며, 내리막 경사의 경우는 하나 짧은 클럽을 잡고 그린 앞쪽을 공략한다.

대처 방법

오르막 경사의 경우는 평소보다 하나 더 긴 클럽을 잡는다.

평지와 오르막 경사에서, 같은 클럽으로 스윙을 하더라도 비거리에 차이가 있다. 당연히 오르막 경사에서 스윙을 했을 때의 비거리가 짧으며, 이런 사실을 어린이에게 말로서 설명하기보다는 그림을 보면서 자세히 설명한다.

내리막 경사에서는 평소보다 하나 짧은 클럽을 잡는다.

오르막 경사와 정반대다. 단 내리막 경사의 경우는 옆바람의 영향을 받기 쉽다는 사실을 유의하길 바란다. 짧은 클럽을 잡으면 볼의 체공 시간이 늘어나기 때문에 그만큼 비거리와 런이 나지 않는다.

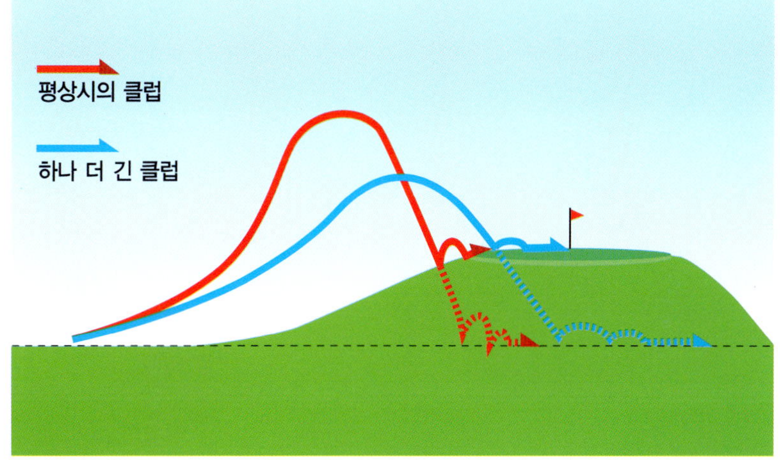

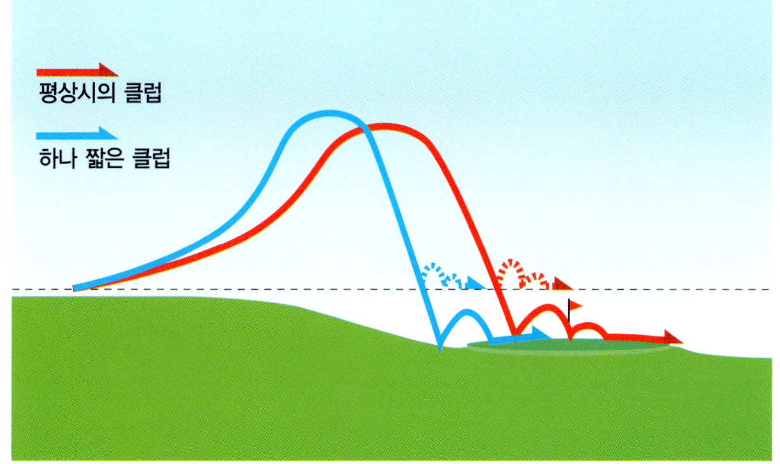

바람이 강하게 불기 시작했다

바람이 강하게 불 때의 샷은 아주 어렵다.
상공에 바람이 불고 있을 때 친 공이 예상 외의 영향을 받는 경우가 흔하다.

Point

★ 맞바람일 경우는 탄도가 낮은 볼을 친다.

★ 뒷바람일 경우는 무리하게 바람을 이용하지 않는다.

★ 바람의 힘을 기대하지 않는다.

NG

● 맞바람일 경우에는 바람에 지지 않도록 낮고 강한 탄도의 볼을 친다.

● 뒷바람일 경우에는 바람에 편승하여 거리가 나도록 볼을 친다.

● 어린이에게 바람을 이용하는 방법을 가르친다.

TROUBLE CASE 10

어린이에게 무리하게 바람을 이용하는 방법을 가르치지 않는다.

골프 볼은 볼 표면에 딤플이라고 하는 구멍이 많이 있으며, 이 때문에, 바람의 영향을 많이 받는다. 즉 골프 볼이 회전하면서 날아갈 때, 딤플 때문에 볼이 높게 뜨는 반면 바람의 영향을 받기 쉽다.

흔히 '바람을 이용하여…' 란 말을 자주 듣지만, 생각한 대로 쉽사리 잘 되지 않는다. 어린이에게 바람을 이용하는 스윙을 가르치는 것이 아니라, 바람의 영향을 잘 안 받는 스윙을 가르치는 것이 현명한 선택이다.

여기서는 바람을 맞바람과 뒷바람의 2종류로 크게 나누어서 설명을 하고자 한다. 맞바람이란 얼굴 앞쪽에서 불어오는 바람을 말하며, 볼이 날아가다가 바람 때문에 되돌아온다. 뒷바람이란 반대로 머리 뒤쪽에서 불어오는 바람을 말하며, 볼이 떠밀리듯이 날아가지만, 바람의 방향이 조금만 좌우로 바뀌어도 영향을 받아 볼이 좌우로 휘면서 날아간다.

대처 방법

맞바람일 때

평소보다 하나 더 긴 클럽을 잡고, 바람의 영향을 별로 받지 않는 낮은 탄도의 볼을 날리기 위해 하프 스윙을 구사하여야 한다. 볼을 강하게 때리면, 볼에 회전이 강하게 걸리기 때문에 그만큼 바람의 영향을 받기 쉽다. 무리하게 풀 스윙을 하기보다는, 하프 스윙을 하여 바람의 영향을 적게 받는 볼을 날리도록 하자.

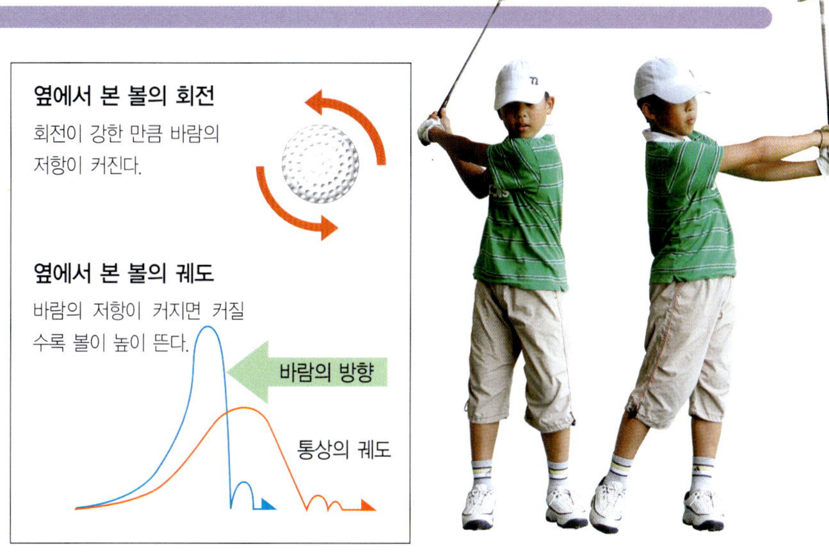

뒷바람의 경우

뒷바람의 경우에도 무리는 절대 금물. '긴 클럽으로 바람에 편승하여…' 라고 생각하면 반드시 큰코다친다. 왜냐하면 그만큼 위험 부담이 늘어나기 때문이다. 평소보다 하나 짧은 클럽을 잡고, 그린 앞쪽을 공략하는 법을 가르치자.

위에서 본 볼의 회전

옆으로 회전하면서 날아가는 볼은 뒷바람이 불 때 영향을 많이 받는다. 바람에 실려 거리가 많이 나는 만큼 위험도 커진다.

위에서 본 볼의 궤도

드로나 페이드 등의 회전이 강한 만큼 볼은 옆으로 날아간다.

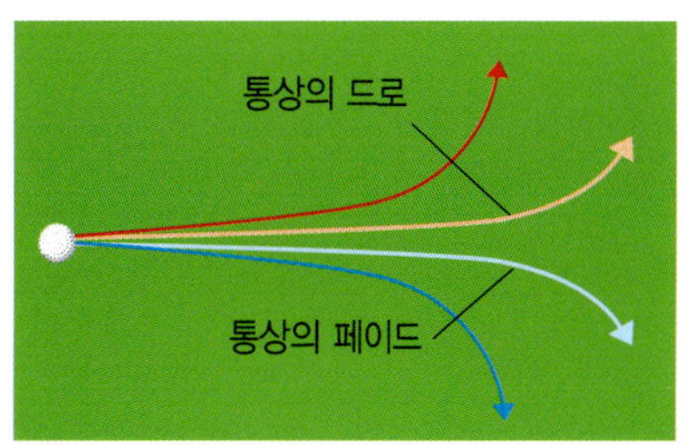

Column.8

체험 라운딩을 권장한다

골프를 시작하려고 하는 어린이를 우선 코스에 데려가는 것도 하나의 방법이다.
넓은 골프장은 어린이에게 매력적으로 보일 것이다.
골프가 아니라 골프장이 먼저 좋아질 것이다.

골프장에 어린이를 데려가 골프장에는 무엇이 있는가, 어떤 곳인가를 직접 보여주면서 설명하는 것도 좋은 방법일 것이다.

모든 어린이가 연습장에서 골프의 묘미를 느끼면 더할 나위 없겠지만, 반드시 그렇게 되리라는 보장은 없다. 그리고 연습장에서 설명을 할 때에도, 실제로 코스에 가 본 경험이 있는 어린이가 지금 무슨 이야기를 하고 있으며, 왜 필요한지 등등의 설명을 빨리 이해할 것이다.

그리고 넓고 확 트인 잔디로 뒤덮여 있는 코스 자체에 매력을 느낄지도 모른다. 만약 어린이가 '다시 오고 싶다' 라는 생각이 든다면, 다음날 연습장에서 더 열심히 연습에 열중할 것이다.

연습장에 다니는 어른들 중에는, '골프' 연습을 위해 오는 것이 아니라, '연습장에서 공을 치기' 위하여 연습을 하는 사람이 많이 있는 듯하다.

골프의 진짜 묘미는 코스에 있다. 코스에서 기분 좋게 볼을 날리기 위하여 연습을 하자.

외워두고 싶은 용어집

어린이들도 알아두면 좋은 기본적인 골프 용어를 간단히 설명한다. 어린이의 질문 등에 참고하기 바란다.

ㄱ

그래스 벙커 (Grass Bunker)

풀로 덮여 있는 움푹 패인 장소로, 벙커에 풀이 자라 있는 것처럼 보이지만 해저드는 아니다. 벙커에서는 클럽의 솔 부분을 지면에 대는 것이 금지되어 있지만, 그래스 벙커에서는 관계없다.

그린 (Green)

퍼팅을 하기 위해 잔디를 짧게 깎아놓은 부분. 정식으로는 퍼팅 그린이라고 부른다. 볼의 일부분이 그린에 접해 있으면 그린 위에 볼이 놓여 있는 것으로 간주한다.

그린 키퍼 (Green Keeper)

그린, 페어웨이, 러프 등은 물론 코스 내의 나무 등을 관리하는 사람.

그린 포크 (Green Fork)

볼 낙하 시의 충격에 의해 생긴 그린 위의 흠집이나 손상된 곳을 수리하는 도구. 그린 위의 흠집은 흠집을 낸 당사자가 수리하는 것이 의무이다. 라운딩할 때에는 반드시 그린 포크를 지참하자.

그립 (Grip)

클럽의 쥐는 부분 또는 클럽을 쥐는 행위

그립 엔드 (Grip End)

클럽 그립 부분의 말단

깃대 (Flagstick)

홀의 위치를 표시하기 위하여 컵에 세워둔 표식. 퍼팅을 할 때에는 깃대를 뽑는다.

ㄴ

나이스 샷 (Nice Shot)

멋진 샷 또는 그것을 칭찬하는 말. 본래는 어려운 상황에서 볼을 잘 쳤을 때만 사용한다. 멋진 샷이라고 칭찬할 때는 굿 샷, 파인, 뷰티플이라고 말한다.

낮은 경사 (Downhill)

볼이 놓여 있는 지점보다 목표 지점이 낮은 곳. 높은 경사와는 반대로 체공시간이 길며 비거리가 더 난다.

넥 (Neck)

클럽 샤프트와 헤드를 연결하는 부분. 소켓이라고도 한다.

높은 경사 (Uphill)

볼이 놓여 있는 지점보다 목표 지점이 높은 곳. 편평한 지점에서의 샷보다 거리가 덜 나기 때문에 평소보다 하나 정도 긴 클럽을 선택한다.

ㄷ

다운 스윙 (Down Swing)

톱 오브 스윙에서 볼을 향해 클럽이 내려오는 과정

더블 보기 (Double Bogey)

해당 홀의 규정 타수(파)보다 2타 많은 스코어로 홀인하는 것

도그 레그 (Dog Leg)

페어웨이가 강아지의 뒷다리처럼 좌우로 크게 휘어져 있는 홀. 오른쪽으로 휘어져 있으면 오른쪽 도그 레그라고 한다.

동반 경기자 (Fellow-Competitor)

함께 라운딩하는 플레이어. 파트너와 팀을 구성하여 경기할 때의 자기편을 지칭한다.

드라이빙 레인지 (Driving Range)

골프 연습장. 드라이버만 연습하는 곳은 아니나 그렇게 부르고 있다.

드롭 (Dropping)

규정에 의해 볼을 주운 후, 정해진 범위 내의 장소에 어깨 높이 정도의 위치에서 볼을 떨어뜨리는 행위. 연못이나 수리지에 볼이 들어간 경우에 구제 조치로서 사용된다. 드롭한 볼이 정지한 지점에서 플레이를 재개한다.

딤플 (Dimple)

볼 표면의 오목하게 움푹 패인 곳. 볼이 날아갈 때 공기 저항의 역할을 하며, 볼에 회전을 걸어 상승하는 힘을 생기게 한다.

ㄹ

라이 (Lie)

볼이 정지해 있는 장소와, 그 지면이나 잔디의 상태. 볼이 치기 어려운 장소에 정지해 있을 경우 '라이가 나쁘다' 라고 한다.

라인 (Line)

그린 이외의 장소에서는 볼을 그린까지 날리기 위한 방향을 의미한다. 퍼팅에서의 라인이란 볼을 컵까지 굴리기 위한 방향을 말한다.

락커 룸 (Locker Room)

클럽 하우스 내의 옷 갈아입는 장소. 도구나 옷을 넣어두는 락커와 벤치가 비치되어 있다.

래터럴 워터 해저드 (Lateral Water Hazard)

워터 해저드에 빠진 볼을 후방에 드롭하는 것이 지형적으로 불가능한 장소로서 빨간 말뚝 또는 빨간색 라인으로 표시한다.

러프 (Rough)

페어웨이의 바깥쪽의 잔디가 긴 부분.

러프에 빠진 볼은 정확하게 때리기가
어렵다.

런 (Run)

날아간 볼이 낙하한 후의 구름 또는 굴
러간 거리를 말한다.

런닝 어프로치 (Running Approach)

볼을 굴려서 컵에 붙이는 어프로치

레이디스 클럽 (Ladies' Club)

여성이 사용하는 클럽으로 남성용보다
약 1인치 정도 짧고, 15그램 정도 가볍
게 만들어져 있다. 다른 의미로는 여성
경기자가 조직한 골프 클럽.

로스트 볼 (Ball Lost)

잃어버린 후 5분 이내에 찾아내지 못한
볼은 로스트 볼로 간주한다. 찾더라도
자신의 볼인지 확인이 불가능할 때에도
로스트 볼이 된다.

로컬 룰 (Local Rules)

정규 룰에 없는, 코스의 경기위원이 제
정한 당해 코스만의 규칙. 로컬 룰에 비
해, 본 규칙을 제너럴 룰이라고 한다.

로프트 (Loft)

클럽 페이스의 경사 각도. 각도가 클수
록 볼이 높이 뜬다.

롱 아이언 (Long Iron)

1~3번 아이언

롱 홀 (Long Hole)

규정 타수(파)가 5타인 홀

루스 임페디먼트 (Loose Impediments)

땅에 떨어져 있는 돌, 나뭇잎, 가지, 벌
레, 벌레의 분비물, 소나 말의 똥 등 고
정되어 있지 않고 볼에 붙어 있지 않은
자연물을 말한다. 해저드 이외의 장소
에서는 루스 임페디먼트를 제거한 후
볼을 치는 것이 가능하다.

룰 북 (Rull Book)

골프의 규칙서

마운드 (Mound)

코스 내의 지면이 높은 부분

마커 (Marker)

경기를 할 때, 스코어 카드를 플레이어
대신에 기입하는 사람. 통상은 같은 조
의 플레이어가 서로 마커를 하도록 경
기위원이 지정한다.

매너 (Manner)

골프의 예의범절. 경기 중은 물론이고
클럽 하우스 안에서나 식당, 목욕탕 등
에서도 예의에 맞는 태도가 요구된다.

미들 아이언 (Middle Iron)

4~6번 아이언

미들 홀 (Middle Hole)

규정 타수(파)가 4타인 홀. 파 5는 롱
홀, 파 3는 숏 홀이라고 관습적으로 사
용하고 있다.

바운스 (Bounce)

샌드 웨지 솔의 부풀어 있는 곳. 솔의
튀어나온 부분이 모래의 반발을 받는
다. 클럽 페이스가 모래에 잠기지 않도
록 설계되어 있다.

백스핀 (Back Spin)

볼에 걸린 역방향의 회전. 볼에 백스핀
이 걸리는 것에 의해, 볼이 공중으로
뜨거나, 그린에 떨어진 후 곧바로 멈추
거나 반대로 굴러간다.

벙커 (Bunker)

해저드의 하나로, 모래로 채워져 있는
움푹 패인 곳. 흙으로 채워져 있는 벙커
도 있다. 코스 공략을 어렵게 하기 위한
벙커, 언덕 밑으로 볼이 떨어지는 것을
방지하기 위한 벙커, OB가 날 위험성
이 있다는 걸 경고하기 위한 벙커 등이
있다. 모래가 아니라 잔디가 심어져 있
는 그래스 벙커는 골프 룰 상으로는 벙
커로 간주되지 않는다.

벙커 샷 (Bunker Shot)

벙커에서 볼을 쳐 내는 스윙. 거리가 짧
은 경우에는 클럽으로 볼을 직접 때리
지 않고, 볼 뒤의 모래에 클럽 헤드를
집어넣어 모래와 함께 떠낸다. 이것을
익스플로션 샷이라고 부른다.

베어 그라운드 (Bare Ground)

잔디가 없는 지면이 노출된 부분

베이스볼 그립 (Baseball Grip)

야구 방망이를 잡을 때와 동일한 요령으
로 클럽을 잡는 법. 텐 핑거라고도 한다.

벤트 그린 (Bent Green)

1년내내 녹색을 유지하는 벤트 잔디로
만들어진 그린. 볼의 구름이 양호하다.

보기 (Bogey)

규정 타수(파)보다 1스트로크 많은 스
코어로 홀아웃하는 것

볼 (Ball)

골프 볼. 최근에는 클럽과 마찬가지로
볼 개발 기술이 발달하여, 비거리나 스
핀 등의 특성을 가지고 있다.

볼 마커 (Ball Marker)

볼을 규칙에 의해 주울 때는 반드시 그
위치에 마크를 해야 한다. 마크를 할 때
사용하는 코인이나 플라스틱으로 만들
어진 작은 물건을 볼 마커라고 한다. 볼
뒤에 마커를 놓고 볼을 주운 후, 본래
위치에 볼을 놓을 때에는 마커를 줍기
전에 볼을 먼저 놓아야 한다.

분실구 (Ball Lost)

로스트 볼. 볼을 잃어버린 후 5분 이내
에 발견하지 못한 볼을 지칭한다. 이 경
우, 1벌타를 추가하여, 원래의 위치로
되돌아가 볼을 드롭한 후, 경기를 속행
한다.

비구선 (Line of Flight)

볼이 날아가는 라인. 볼과 목표를 연결
한 목표선과 구별할 필요가 있다. 훅으
로 공략하는 사람의 비구선은 목표선보
다 오른쪽을 향하고 있다.

사이드 벙커 (Side Bunker)

페어웨이 벙커라고도 부른다. 페어웨이의 양측에 있는 벙커

샌드 웨지 (Sand Wedge)

벙커 샷 전용 웨지. 바운스와 로프트를 크게 한 클럽

샷 (Shot)

볼을 치는 것

생크 (Sank)

스윙을 하였을 때, 클럽과 헤드의 접합 부분에 볼이 맞는 경우

세컨드 샷 (Second Shot)

제2타

숏 게임 (Short Game)

그린 근처에서 컵에 볼을 날리거나 굴리는 것. 퍼팅이나 벙커 샷도 숏 게임에 포함된다.

숏 아이언 (Short Iron)

7번이나 8번보다 짧은 클럽. 통상 롱 아이언이나 미들 아이언보다 헤드의 형상이 둥글고 크게 만들어져 있다. 컨트롤 샷을 구사할 때 주로 사용하며 다루기 쉽게 설계되어 있다.

숏 컷 (Short Cut)

지름길. 홀이 도그 레그인 경우 연못이나 숲을 가로질러 최단거리로 공략하는 것

숏 코스 (Short Game)

대부분의 홀이 파 3의 홀로 구성되어 있는 코스

숏 홀 (Short Hole)

파 3의 홀. 단 영국이나 미국에서는 단순히 짧은 홀이란 의미로 사용되기 때문에, 파 5의 숏 홀, 파 4의 숏 홀도 존재한다. 반대로 파 3의 홀 중에서도 거리가 길면 '롱 홀의 파 3' 라고 부른다.

수리지 (Ground Under Repair)

수리 중인 구역. 통상은 흰선으로 표시하지만, 파란 말뚝을 세워 표시하기도 한다. 표시는 없지만 그린 키퍼가 만들어 놓은 구멍 등도 수리지로 간주한다. 수리지 안에 볼이 들어간 경우, 그 상태에서 경기를 계속하거나 벌타 없이 구제를 받는 것이 가능하며, 선택은 경기자 본인이 한다. 코스에 따라서는 수리지 내에서의 플레이가 금지되어 있는 곳도 있다.

슈퍼 샷 (Super Shot)

눈이 휘둥그레질 정도로 기적적인 샷

스루 더 그린 (Through the Green)

플레이 중인 홀의 티잉 그라운드와 그린, 해저드를 제외한 코스 내의 모든 장소를 지칭한다.

스위트 스폿 (Sweet Spot)

클럽 헤드의 중심이 모여 있는 클럽 헤드의 심. 이곳에 볼이 맞았을 때 그 클럽의 최장거리가 나온다. 클럽에 따라 중심거리가 다르며, 페이스의 중앙이 반드시 스위트 스폿이라고 말할 수는 없다.

스윙 (Swing)

볼을 치기 위하여 클럽을 휘두르는, 어드레스부터 피니시까지의 일련의 동작. 임팩트시 클럽을 정지시켜 볼을 때리는 것은 스윙이 아니라 블로라고 한다.

스윙 밸런스 (Swing Balance)

클럽 무게의 배분. 클럽 헤드, 샤프트, 그립 무게의 비율로 A에서 E까지의 문자를 사용하며, 각각의 문자에 대해 0에서 9까지의 10단계로 나누어 표시한다. 실제로는 A와 B는 너무 가볍고, E는 너무 무겁기 때문에, C와 D의 밸런스를 사용한다. 스윙 밸런스는 샤프트의 경도와 밀접한 관계가 있으며, 딱딱한 샤프트의 클럽은 스윙 밸런스가 무겁게 만들어져 있다.

스윙 아크 (Swing Arc)

어드레스에서 피니시에 걸쳐, 클럽 헤드가 그리는 원호. 스윙 아크가 클수록 헤드 스피드가 빨라지므로 볼을 멀리 날려보낼 수 있다.

스윙 플레인 (Swing Plane)

스윙시 헤드가 통과하는 궤도에 의해 만들어진 면

스코어 (Score)

홀아웃을 하기까지 친 타수의 합계

스코어 카드 (Score Card)

스코어를 기록하는 카드. 정식 경기에서는, 경기위원이 경기자의 이름이 적힌 스코어 카드를 준비하여 발급하는 것이 의무로 되어 있다. 잘못하여 실제 타수보다 많은 스코어를 기재한 경우는 그대로, 실제보다 적게 기재한 경우는 경기 실격이 된다.

스퀘어 (Square)

비구선에 대해 클럽 페이스가 직각이 되는 것

스퀘어 스탠스 (Square Stance)

좌우 발뒤꿈치를 잇는 선과 비구선이 평행이 되는 스탠스

스퀘어 페이스 (Square Face)

어드레스를 한 페이스가 비구선과 직각이 되는 클럽

스트로크 (Stroke)

볼을 때려 움직이게 하려는 의지를 가지고 행해지는 클럽의 전방으로의 움직임. 클럽 헤드로 밀거나, 끌어당기거나, 건져올리는 등 위 동작은 스트로크가 아니다. 결과적으로 볼에 맞지 않더라도, 칠 목적으로 스윙을 하여 헛스윙을 한 것은 스트로크로 간주하지만, 연습 스윙을 할 참으로 클럽을 휘두른 것이 볼을 맞혀 볼이 움직인 경우는 스트로크로 간주하지 않는다.

스트로크 플레이 (Stroke Play)

모든 홀의 합계 스트로크 수를 가지고 승패를 가리는 경기 방법. 소정의 라운드 수를 플레이하여, 가장 스코어가 적은 사람이 우승. 별명 메달 플레이.

스트레이트 볼 (Straight Ball)

곧바로 날아가는 볼. 실제로 스트레이트 볼을 때리는 것은 불가능하다고 알려져 있으며, 반드시 좌우로 휘는 볼이 나온다. 골프는 좌우로 휘는 볼로 코스를 공략하는 스포츠이다.

스트레이트 페이스 (Straight Face)

어드레스를 하였을 때 클럽 페이스가 비구선과 직각이 되는 클럽. 그리고 오른손잡이의 경우, 비구 방향보다 페이스가 왼쪽을 향하면 훅 페이스라고 한다. 완전한 스퀘어 페이스의 클럽보다 다루기가 어려우므로, 프로들도 약간 훅 페이스인 클럽을 사용하고 있다.

스파이크 (Spike)

신발 밑창에 붙어 있는 핀. 이것이 붙어 있는 신발을 스파이크 슈즈라고 한다. 샷을 할 때 발이 미끄러지는 것을 방지한다. 재질로는 세라믹, 플라스틱, 금속 등이 있다.

스파이크레스 슈즈 (Spike-less Shoes)

신발 밑에 스파이크 대신에 고무로 만든 돌기가 붙어 있는 골프 슈즈.

스프링클러 (Sprinkler)

자동적으로 물을 뿌리는 기계. 우량이 적을 때 스프링클러를 이용하여 인공적으로 잔디에 물을 준다.

스핀 (Spin)

회전. 날아가는 볼은 반드시 회전이 걸려 있다. 이 회전의 힘에 의해, 볼이 공중으로 상승하거나, 그린에 낙하한 후 볼이 뒤로 굴러가거나 한다.

슬라이스 (Slice)

때린 볼이 오른쪽으로 휘면서 날아가는 것. 왼손잡이의 경우는 왼쪽으로 볼이 휜다. 볼을 컷(자른다) 하는 것처럼 때리기 때문에, 오른쪽 방향으로 스핀이 걸려 오른쪽으로 휜다. 골프를 시작한 지 얼마 안되는 사람에게서 흔히 볼 수 있는 미스 샷의 하나.

심 (Spot)

클럽의 스위트 스폿. 클럽뿐만 아니라 볼에도 심이 있다. 샷뿐만이 아니라 퍼팅을 할 때 볼의 심을 때리는 것이 중요하다.

스리 퍼팅 (Three Putting)

그린 위에서 퍼팅을 3번 하는 것. 그린에서는 2번의 퍼팅으로 컵인 하는 것이 기본으로 되어 있다.

ㅇ

아웃사이드 인 (Outside In)

클럽 궤도의 하나이며, 다운 스윙시 클럽 헤드가 몸 바깥쪽에서 내려와 볼을 때린 후 폴로 스루시 몸 안쪽으로 빠져나가는 궤도.

아이언 (Iron)

헤드가 철로 만들어진 클럽의 총칭. 1~3번을 롱 아이언, 4~6번을 미들 아이언, 7~9번을 숏 아이언이라고 하며, 웨지도 아이언의 부류에 들어간다.

알바트로스 (Albatross)

각 홀에 정해진 규정 타수(파)보다 3타 적은 스코어를 내는 것. 파 5의 홀에서 제2타가 홀인하거나, 파 4의 홀에서 홀인원을 기록하는 것.

어겐스트 (Against)

어겐스트 윈드(맞바람)의 약칭

어드레스 (Addressing the Ball)

스탠스의 위치를 정한 후, 클럽의 솔 부분을 지면에 댄 상태를 볼에 어드레스하였다고 간주한다. 벙커나 연못 등 해저드 안에서는 모래나 물에 솔을 대는 것이 금지되어 있기 때문에 스탠스를 정한 시점이 어드레스를 한 것으로 간주된다.

어드바이스 (Advise)

경기중의 결단, 클럽의 선택, 스트로크 방법 등에 영향을 끼칠 만한 조언이나 시사하는 말. 골프 룰에는 어드바이스를 하는 행위와 어드바이스를 구하는 행위 모두 금지되어 있다. 예를 들어, 먼저 친 동반 경기자에게 '몇 번 클럽으로 스윙을 하였는가?' 등의 질문을 하는 것은 룰 위반 행위이다. 문의한 사람, 가르쳐 준 사람 모두에게 2벌타가 추가된다.

어테스트 (Attest)

증명한다란 뜻이지만, 골프에서는 마커의 사인을 의미한다. 공식 경기에서는 위원회가 경기자의 이름이 적혀 있는 스코어 카드를 준비한다. 이 카드는 본인이 자신의 스코어를 기입하는 것이 아니라, 동반 마커가 스코어를 기입한다. 그리고 경기 종료 후 틀림없다는 증명의 사인을 하여 본인에게 건네준다. 본인은 그 카드에 자신의 사인을 하여 제출하도록 되어 있다. 즉 마커의 사인 또는 사인하는 행위를 어테스트라고 한다. 당연히 어테스트가 없는 스코어 카드는 무효이며 당해 경기는 실격 처리된다. 그리고 실제보다 적은 스코어를 기재한 스코어 카드를 제출하면 실격이며, 스코어가 실제보다 많게 기재된 경우는 그 스코어가 채용된다.

어프로치 (Approach)

컵 근처에 볼을 운반하는 동작. 피치 앤 런, 러닝 어프로치, 피칭샷, 칩샷 등이 있다.

언더 파 (Under Par)

18홀의 규정 타수(파)보다 적은 스코어로 홀아웃하는 것

언플레이어블 (Ball Unplayable)

볼이 놓여 있는 위치에서 경기를 속행할 수 없는 상황. 예를 들어 나무 밑둥지에 볼이 들어가 있어 제대로 스윙을 할 수 없는 상황 등. 1벌타 추가하여, 언플레이어블을 선언한 후에 볼을 이동하는 것이 가능하다. 원래 위치에서 2클럽 길이 이내에 볼을 드롭하거나, 볼과 홀을 잇는 연장선 상의 후방에 드롭하거나, 직전의 스윙 지점으로 되돌아가서 볼을 치는 것이 가능하다.

에이프론 (Apron)

페어웨이에서 그린까지 연결된 부분. 그린 근처에는 벙커나 러프가 도사리고

있지만, 그 중에 앞치마처럼 잔디를 짧게 깎아놓은 부분이 페어웨이와 연결되어 있다. 꽃길이라고도 한다.

엣지 (Edge)

그린, 벙커 등의 가장자리. 예를 들어, 그린 엣지에 볼이 정지했다는 말은 볼이 그린의 가장자리에 놓여 있다는 말이다. 그 외에 클럽의 테두리를 클럽의 엣지라고 부른다. 페이스 밑부분을 리딩 엣지, 페이스 후방의 밑부분을 토레링 엣지, 페이스의 윗부분을 톱 엣지라고 부른다.

역 오버래핑 그립
(Reverse-Overlapping Grip)

오른손잡이의 경우, 왼손 검지를 오른손 새끼손가락 위에 겹치도록 그립을 잡는 법. 퍼터를 잡을 때 사용하는 경우가 많다.

연습 스윙

볼을 칠 의사가 없는 상태에서, 연습을 위해 클럽을 휘두르는 행위. 반대로 볼을 칠 목적으로 스윙을 하였을 때 설사 볼이 맞지 않은 헛스윙이 되더라도 이것은 연습 스윙으로 간주하지 않는다.

오너 (Honour)

제일 먼저 티샷을 할 권리를 가진 사람. 두 번째 홀부터는 직전 홀의 스코어가 가장 낮은 순서대로 볼을 친다.

오버 (Over)

넘어가 버리는 것. 그린 오버는 볼이 그린을 넘어가는 것을 말한다.

오버래핑 그립 (Overlapping Grip)

오른손잡이의 경우, 오른손 새끼손가락을 왼손 검지 위에 겹치면서 그립을 잡는 법

오픈 (Open)

연다, 열렸다는 의미. 예를 들어, 홀 도중에 벙커 등의 해저드가 없이, 그대로 그린까지 볼을 날릴 수 있는 장소에 볼이 놓여 있는 경우를, '그린까지 오픈이다'라고 한다. 클럽 페이스가 오픈이란 것은, 클럽 페이스가 열린 상태를 말한다. 그리고 프로와 아마추어가 동시에 참가할 수 있는 경기를 ~오픈이라고 부른다.

오픈 스탠스 (Open Stance)

볼과 목표 지점을 잇는 라인이 평행이 되도록 자세를 취하는 스퀘어 스탠스에 비하여, 왼발을 조금 뒤쪽으로 뺀 스탠스.

왜글 (Waggle)

손목이나 팔, 어깨 등에 들어간 여분의 힘을 빼기 위하여, 어드레스를 취한 후, 전후좌우로 클럽을 약간 움직이는 동작. 왜글을 하면 신체의 긴장감이 풀리며, 스윙 리듬이 좋아진다.

워터 해저드 (Water Hazard)

코스 내에 있는 바다, 호수, 연못, 강, 개울, 수로 등을 지칭하며, 황색의 말뚝 또는 선으로 표시한다. 이곳에 볼이 들어가 볼을 칠 수 없는 상황이면, 1벌타를 더한 후, 원래의 장소 또는 해저드의 경계선을 넘은 지점과 홀을 잇는 후방선 상에 볼을 드롭한 후 다시 친다.

원온 (One On)

티샷한 볼이 그린에 올라간 것.

웨지 (Wedge)

아이언 클럽의 한 종류로서 9번 아이언보다 길이가 짧고, 헤드가 크며 무거운 클럽. 로프트의 각도나 바운스의 유무에 따라 피칭 웨지, 샌드 웨지 그 중간인 피칭 샌드, 어프로치 웨지, 로브 웨지 등으로 분류된다.

이글 (Eagle)

각 홀에 정해진 규정 타수(파)보다 2타 적은 스코어로 홀인하는 것. 파 5의 홀에서 제3타가 홀인하거나, 파 4의 홀에서 제2타가 홀인하거나, 파 3의 홀에서 홀인원을 달성하면 이글이다.

인 플레이 볼 (Ball in Play)

티잉 그라운드에서 스트로크를 한 순간에 그 볼은 '인 플레이 볼'이 된다. 분실, OB(Out of Bounds), 볼을 줍는 행위 등에 의해 다른 볼로 교체했을 경우, 그 볼은 인 플레이 상태에서 벗어난다. 자신의 인 플레이 볼이 홀인한 시점에서, 그 홀의 플레이를 마친 것으로 간주한다.

인사이드 아웃 (Inside Out)

클럽 궤도의 하나이며, 다운 스윙시 클럽 헤드가 몸 안쪽에서 내려와 볼을 때린 후 폴로 스루시 몸 바깥쪽으로 빠져나가는 궤도. 그리고 안쪽에서 바깥쪽으로 힘을 발산하는 몸의 움직임을 인사이드 아웃이라고 부른다.

인터로킹 그립 (Interlocking Grip)

오른손잡이의 경우, 오른손 새끼손가락과 왼손 검지를 교차시키면서 그립을 잡는 방법. 양손의 일체감이 더해진다.

임팩트 (Impact)

스윙 도중에 클럽 페이스가 볼을 때리는 순간

잠정구 (Provisional Ball)

워터 해저드 이외의 장소에서 볼을 분실했을지도 모를 경우나 친 볼이 OB의 가능성이 있는 경우에 별도의 볼을 잠정적으로 치는 것이 가능하며, 이 별도의 볼을 잠정구라고 한다. 그리고 OB나 분실구로 판명되었을 때, 잠정구를 사용하여 경기를 계속한다.

장해물 (Hazards)

코스 내의 인공적인 부분으로 맨홀, 카트 도로, 관객석, 스코어보드 등이 장해물에 속한다. 장해물 위에 볼이 정지해 있는 경우, 스탠스를 취할 때나 스윙을 할 때 장해물이 방해가 되는 경우에는 벌타 없이 구제를 받을 수 있다. 장해물을 피해, 홀에 근접하지 않는 한도 내에서, 원래 지점에서 가장 가까운 위치(니어리스 포인트)에서 한 클럽 길이 내에 볼을 드롭한다.

주니어 (Junior)

원래는 10대의 젊은 골퍼를 지칭하는 용어였는데, 최근에는 초등학교 저학년도 주니어라고 부른다.

지배인 (Manager)

골프장의 책임자

지주

나무를 지탱하고 있는 말뚝. 이것은 움직일 수 없는 장해물이므로 벌타 없이 구제받을 수 있다.

ㅊ

축

스윙을 원운동으로 비유했을 때, 클럽 궤도가 그리는 원의 중심이 되는 축. 1축 이론과 2축 이론 등 여러 가지 이론이 있다.

칩샷 (Chip Shot)

그린 밖에 놓여 있는 볼을, 굴려서 컵에 붙이는 샷. 런닝 어프로치라고도 한다. 반대로 볼을 높이 띄워서 붙이는 샷을 피칭샷이라고 한다.

칩인 (Chip In)

칩샷으로 그린 밖에서 한 번에 홀인하는 것

ㅋ

카트 도로 (Cart Road)

코스 내에서 전동차가 달리는 도로. 포장되어 있으며 인공적인 표면으로 만들어져 있기 때문에, 장해물로 간주된다.

캐디 (Caddie)

경기 진행을 보조하는 사람. 자신의 캐디에게 어드바이스를 구하는 것만 허용된다.

캐디백 (Caddie Bag)

클럽이나 그 외 도구를 넣어 운반하기 위한 백

컨트롤 (Control)

겨냥한 지점으로 볼을 치는 것. 컨트롤 샷이란 거리를 조절하고 방향성을 중시한 샷을 말한다. 비거리를 중시한 샷을 풀샷이라고 한다.

컵 (Cup)

그린 위에 설치된 원통의 구멍. 컵인이란 볼을 구멍 안에 넣은 것

크로스 벙커 (Cross Bunker)

페어웨이를 가로지른 벙커. 페어웨이의 양측에 있는 벙커를 크로스 벙커라고 부르는 경우도 있으나, 엄밀하게 말하면 사이드 벙커이다.

크로스핸드 그립 (Cross-Hand Grip)

좌우 손의 위치를 거꾸로 한 상태로 그립을 잡는 법. 퍼팅시에 사용하는 경우가 많다.

크릭 (Creek)

5번 우드의 다른 말. 또는 코스 내의 조그마한 개천이나 도랑의 의미

클럽 (Club)

회원 조직이란 의미와 클럽과 도구를 지칭하는 의미 등 두 가지 의미를 지닌다.

클럽 페이스 (Club Face)

클럽의 타구면

클럽 하우스 (Club House)

경기자를 위한 락커실, 식당, 목욕탕 등이 있는 건물

클럽 헤드 (Club Head)

샤프트 끝에 붙어 있는 볼을 치는 부분 전체를 지칭한다.

클로우즈드 스탠스 (Closed Stance)

비구선과 평행이 되도록 자세를 취한 후, 오른발을 뒤쪽으로 뺀 상태를 말한다. 어깨와 허리는 비구선과 평행인 상태로 유지한다. 백스윙을 수월하게 할 수 있다.

ㅌ

타깃 (target)

볼을 날리고자 하는 목표. 타깃 라인이란 목표와 볼을 잇는 목표선을 말한다.

터프 (Turf)

잔디. 아이언 샷 등에서 스윙 결과 잔디를 떠서 날려 보내는 것을 '터프를 날린다' 라고 한다.

템포 (Tempo)

클럽을 휘두르는 속도나 박자. 스윙 폼이 아무리 좋다 할지라도 템포가 좋지 않으면 샷은 난조를 보인다.

토 (Toe)

클럽 페이스, 또는 클럽 헤드의 끝부분을 지칭한다. 반대를 힐이라고 부른다. 클럽이나 퍼터에서 토힐 밸런스라고 하는 것은 백페이스를 도려내고 무게를 토와 힐에 분산한 것을 의미한다.

투어 프로 (Tour Professional Golfer)

투어 토너먼트 출장권을 가지고 있는 프로 골퍼. 토너먼트 프로라고도 한다.

트리플 보기 (Triple Bogey)

규정 타수(파)보다 3타 많은 스코어로 홀인하는 것

티 (Tee)

정식으로는 티잉 그라운드. 제1타를 날려서 그 홀의 플레이를 시작하는 장소

티마커 (Tee-Markers)

티잉 그라운드에 설치되어 있는 티샷을 날릴 장소를 정해 둔 표식. 두 개의 마크를 잇는 선에서 후방으로 2클럽 길이 내의 장소에서 티업한 후 친다.

티샷 (Tee Shot)

당해 홀의 플레이를 시작하는 샷. 통상적으로 볼을 티업한 후 치지만, 티업하지 않은 채 티잉 그라운드에서 친 샷도 티샷이다.

티업 (Tee Up)

티샷을 날리기 위하여, 목제 또는 플라스틱으로 만든 티펙 위에 볼을 올려놓는 것

ㅍ

파티 (Party)

3명 또는 4명으로 조를 짜서 경기를 할 때의 조를 의미하는 말

퍼터 (Purter)

주로 그린 위에서 볼을 굴려서 컵에 넣기 위하여 사용하는 클럽

퍼팅 (Putting)

그린 위에서 볼을 굴려서 컵에 붙이는 행위

페어웨이 (Fairway)

티잉 그라운드에서 그린 사이의 볼을 치기 수월하도록 잔디를 짧게 깎아놓은 구역

페어웨이 벙커 (Fairway Bunker)

티잉 그라운드에서 200야드 정도 떨어진 곳에 위치해 있는 경우가 많다. 페어웨이를 가로지르는 형태로 만들어져 있는 벙커를 크로스 벙커라고 한다.

페어웨이 우드 (Fairway Wood)

페어웨이에서 주로 사용하는 우드 클럽의 총칭. 통상은 3,4,5번을 지칭하지만 최근에는 7,9번 우드도 등장하였으며, 여성은 6번 이상의 페어웨이 우드를 사용하는 기회가 잦아졌다.

페이스 (Face)

클럽 헤드의 타구면

푸시 (Push)

오른쪽으로 밀어내듯이 볼을 때리는 미스 샷. 푸시 아웃

풀샷 (Full Shot)

톱 스윙에서 피니시까지 휘두르는 샷. 풀샷의 반 정도의 크기로 클럽을 휘두르는 샷을 하프샷, 4분의 3 정도의 크기로 휘두르는 샷을 스리쿼터샷이라고 한다.

풀스윙 (Full Swing)

당해 클럽의 기능에 맞추어 최대의 크기로 스윙을 하는 것. 풀스윙을 넘어버리면 오버스윙이 된다.

프로 골퍼 (Professional Golfers)

협회에서 자격을 취득하여, 상금을 획득하기 위하여 플레이를 하거나, 골프를 가르쳐 보수를 받는 것을 직업으로

삼고 있는 골퍼

프로 숍 (Pro Shop)

골프용품을 파는 골프장의 매점. 본래는 소속하고 있는 프로 골퍼가 경영하는 가게로, 용품을 판매하는 것은 물론 스타트 접수 등의 프론트와 캐디 마스터와 스타터를 겸한 업무를 행한다.

플레이 (Play)

골프의 경기 방법은 모든 홀의 합계 타수로서 승패를 가르는 스트로크 플레이와 각 홀마다 승패를 가르는 매치 플레이가 있다.

피니시 (Finish)

클럽을 휘두른 후의 마지막 상태. 신체의 밸런스를 유지한 상태에서 피니시까지 클럽을 휘둘러야 한다.

피칭 웨지 (Pitching Wedge)

로프트가 크고 어프로치용으로 만들어진 클럽

핀 (Pin)

홀의 위치를 나타내기 위하여 세워둔 깃대

피치 앤드 런 (Pitch and Run)

컵을 겨냥할 때, 도중에 장해가 있는 경우에 필요한 어프로치 기술. 도중까지는 볼을 띄어 올려서 낙하한 후에 굴리는 샷

ㅎ

하프 (Half, Halved)

하프 라운드. 18홀을 전후반 9홀씩 구분하였을 때의 명칭. 또는 매치 플레이에서 홀의 스코어가 동일하여, 비긴 것을 지칭하는 말

헤드 커버 (Head Cover)

클럽 헤드를 보호하기 위하여 덮어씌우는 커버

홀 (Hole)

그린에 뚫어놓은 구멍을 홀이라고 한다. 또는 티잉 그라운드에서 그린까지

의 전체를 홀이라고 부른다. 통상, 코스는 18홀로 구성되어 있는데, 경우에 따라서는 9홀만 있는 코스, 27홀의 코스, 36홀의 코스 등이 있다.

홀아웃 (Hole Out)

볼을 홀에 집어넣은 것. 볼이 컵 밑바닥에 떨어져 정지한 시점에 그 홀의 플레이가 종료된다. 이것을 홀아웃이라고 한다.

홀의 메운 흔적

그린 위에 오래된 홀을 메운 부분이 올라와 있거나 패이거나 한 흔적. 이 흔적은 그린 포크나 퍼터 헤드 등을 이용하여 고치는 것이 허용된다.

홀인원 (Hole in One)

티샷이 직접 홀인하는 것. 별명 에이스.

홈 코스 (Home Course)

회원으로 등록된 골프장으로, 가장 많이 플레이를 하는 코스

훅 (Hook)

왼쪽으로 휘면서 날아가는 볼. 왼손잡이의 경우는 오른쪽으로 휜다.

히팅 에리어 (Heating Area)

다운 스윙을 하여, 클럽이 볼을 때리기 직전에서 임팩트의 순간까지를 말한다. 임팩트 에리어라고도 한다.

힐 (Heel)

클럽 헤드의 안쪽 밑부분. 샤프트와의 연결 부분 근처를 말한다.

6인치 플레이스

볼을 정지해 있는 지점에서 6인치 움직여서 플레이하는 것. 겨울철 페어웨이의 상태가 좋지 않을 때 주로 적용한다.

OB

경기 구역 외를 말하며, Out of Bounds의 약자. 흰 말뚝으로 표시한다.

PGA

프로 골프 협회. Professional Golfers' Association.

자녀가 골프를 즐거운 스포츠로
여기고 안 여기고는 순전히 부모의 책임이다

대부분의 어린이가 골프를 시작하는 계기는 골프를 즐기고 있는 부모의 영향 때문이라고 생각한다. 엄마 손이나 아빠 손에 이끌려 연습장이나 골프장에 갔을 때, 첫 인상에 '골프는 재미있을 것 같다' 라는 느낌이 들기 시작하면, '다시 오고 싶다' 라는 마음이 생겨 자연스럽게 골프를 계속할 것이다.

이럴 때, 부모가 '이렇게 해라, 저렇게 해라' 또는 '이렇게 해서는 안돼, 그렇게 해서도 안돼' 라고 시시콜콜 지도하면, 골프에 대한 어린이의 호기심은 순식간에 사라져 버린다. 처음 골프를 시작할 때부터 강요에 의해 골프장이나 연습장에 마지못해 간다는 느낌을 가지기보다는 어린이 스스로 가고 싶은 마음이 들도록 즐겁게 놀 수 있는 환경을 만들어 주는 것이 중요하다.

그러나 같은 형제라 할지라도 즐거움의 대상이 다를 수 있다. 그러므로 골프의 어떤 점에 어린이가 흥미를 가지고 있는가를 빨리 알아차리는 것이 어린이가 골프를 꾸준히 하기 위한 선결 과제이다. 이 책에서는 골프의 세세한 기술에 대한 레슨보다는, 어린이가 흥미를 가질 만한 내용의 레슨을 중점적으로 소개하고 있다. 이 책의 내용을 힌트 삼아 어린이가 즐기면서 골프 실력을 쌓을 수 있는 여러 가지 연습 방법을 찾아보는 것도 좋을 것이다.

그리고 어린이의 골프 실력이 어느 정도 향상되면 어린이들끼리 라운드할 기회도 생길 거라고 생각한다. 그때를 대비하여 골프를 즐기는 방법은 물론 룰과 매너를 잘 가르쳐 안전하게 라운드를 마칠 수 있도록 평소에 가르치자.

감수자 아라이 신이치

Shinichi Arai

1963년 12월 11일 출생. 동경 출신. 일본대학 골프부 출신. 레귤러투어 출장 경험을 가지고 있으며 그로잉투어 우승, 그 외 투어에서의 9홀 최소 스코어 (28) 기록 보유. 일본, 아시아, 미국 미니 투어 출장 외에 현재 USPGA 투어에서 활약중인 카를로스 프랑크 (파라과이) 선수의 캐디를 겸하는 등 폭넓은 시야를 가지고 있으며, 형식에 구애받지 않으면서 부드럽고 멋진 스윙을 추구하는 레슨으로 정평이 나 있다.

Models
모델

이 책의
모델로 등장한
어린이들과 스태프

이시게 하쯔끼

Hatsuki Ishige

1994년 3월 12일 출생. 초등학생이라고 보기 힘들 정도의 골프 실력자. 장래 희망은 미국 유학을 하여 프로 골프 선수가 되는 것.

이시게 타꾸미

Takumi Ishige

1995년 11월 10일 출생. 골프를 처음 시작한 것은 초등학교 1학년 때. 일주일에 4, 5번 정도 가족과 함께 연습장에 다닌다. 존경하는 프로 골퍼는 미야자토 형제.

이시게 리코

Riko Ishige

1997년 8월 12일 출생. 아버지 손에 이끌려 유치원 때 골프를 시작하였다. 드라이버의 비거리로는 아버지의 상대가 되지 않기 때문에 어프로치 연습을 중점적으로 하고 있다.

토가시 케니치

Kenichi Togashi

1982년 9월 4일 출생. 고등학교 졸업 후, 대학에서 골프를 배우고 있다. 알기 쉽고 그리고 무엇보다 즐기면서 골프를 배우는 레슨을 하고 있다.

Course &
Driving range
코스와
드라이빙 레인지

협력한
코스와 연습장

하쿠호 컨트리 클럽

Hakuho Country Club

18홀, 파 72, 6804야드의 정통 구릉 코스이며 어프로치와 벙커 연습을 할 수 있는 연습장을 겸비하고 있다. 나리타 인터체인지에서 10분 정도 거리에 위치해 있으며 교통편이 편리한 도시 근교형 코스. 장기 휴가 시기에는 주니어 날 등을 설정하여, 주니어 육성에도 공헌하고 있다.

치바현 나리타시 이소베 8번지

일본 골프 스쿨

Japan Golf School

2300야드, 100타석의 연습장. 파 3, 4의 숏코스, 어프로치용 그린, 퍼팅 그린, 클럽 수리용 가게, 레스토랑, 피트니스 룸 등 충실한 설비를 가진 연습장. 통상의 골프 스쿨과 함께 주니어 스쿨도 개강하고 있다.

치바시 와까바구 카소리쵸우 1482-1

사카에 골프 센터

Sakae Golf Center

본 책 감수자인 아라이 프로 소속의 골프 연습장. 주니어에서 성인에 이르는 충실한 레슨 프로그램으로 정평이 나 있다.

후나바시시 사카에마치 1-10-1

골프는 자기 자신과의 싸움이다

골프 천재 타이거 우즈가 예선 탈락한 것으로 화제가 된 2006년 US오픈 최종일. 마지막 한 홀을 남긴 상황에서 필 미켈슨이 한 타 차로 신예 제프 오길비를 리드하고 있었다. 이때까지만 해도 대부분의 사람들은 필 미켈슨의 우승을 의심치 않았다. 그러나 마지막 티샷을 러프에 빠트려 두 번째 샷으로 직접 그린을 공략하기 어려운 상황이 되자, 미켈슨은 연장전을 염두에 둔 안전한 플레이보다는 무리하게 승부를 거는 쪽을 선택했다. 결과는 최악으로서, 미켈슨은 마지막 홀에서 더블 보기를 범하는 바람에 목전에 둔 우승컵을 오길비에게 바치고 말았다. 경기 후 미켈슨은 "내가 바보짓을 했다"라고 자책을 하였다고 한다.

골프는 자기 자신과의 싸움이다. 멋진 샷을 날리겠다는 욕심이 크면 클수록 미스 샷의 가능성은 높아지며, 라운딩 중에 스코어를 의식하는 순간부터 여태까지 잘 되던 샷이 언제 그랬냐는 식으로 순식간에 난조를 보이는 스포츠가 골프이기도 하다. 이 말은 골프에서 평상심을 유지하는 것이 얼마나 중요한가를 단적으로 표현하고 있다.

골프는 또한 유일하게 심판이 없는 스포츠이다. 즉 경기 중에 일어나는 모든 사항에 대해 스스로 책임을 져야 하며 룰과 매너의 준수 및 스코어 관리 또한 경기자 자신의 몫이다. 이러한 책임이 가끔씩 동반 경기자보다 좋은 스코어를 내기 위한 욕심으로 변한 나머지, 디봇에 빠진 볼의 위치를 치기 좋은 곳으로 몰래 옮기고 싶은 갈등, 깊은 러프에 빠져 찾을 수 없게 된 볼을 로스트 볼로 선언하지 않은 채 다른 볼로 대체하여 라운딩을 계속 하고자 하는 갈등 등 실제로 18홀의 라운딩 중 수많은 유혹에 접하게 된다. 이러한 갈등 또한 자신과의 싸움이라고 할 수 있다.

이 책은 처음 골프를 접하는 어린이들을 어떻게 가르치는 것이 좋은지를 상세하게 설명하고 있다. 골프 실력 향상을 위한 기초적인 내용은 물론 성장기의 어린이들에게 무엇보다 중요한 상대방을 배려하는 마음, 룰과 매너의 준수, 평상심·자립심의 함양 등을 다루고 있다. 실제로, 어린이들이 골프에 빠져들면 들수록 위에서 열거한 자신과의 싸움과 맞닥뜨리게 되기 마련이며, 여러 번의 시행착오 끝에 자신에 대한 냉철한 판단력과 분별력을 갖추게 된다.

요즘 한국의 여자 프로 선수들이 미국 골프계를 점령하다시피 하면서 한국인의 우수성을 세계에 널리 알리는 선구자 역할을 하고 있다. 이처럼 뛰어난 프로 선수를 키우는 일도 빼놓을 수 없는 중요한 사안이지만, 골프의 우수성을 보다 많은 어린이들이 부담없이 접할 수 있는 환경이 하루빨리 조성되어, 골프를 통해 진정한 한 사람의 인격체로 성장하는 계기가 되었으면 하는 바람이다.

옮긴이 차병기(골프를 사랑하는 공학박사)

1963년 부산 출생.

현재 큐슈정보대학 조교수

큐슈골프 대표

역서로 『골프연습 365』가 있다.

(http://www3.coara.or.jp/~qshugolf/)

주니어 골프

초판 인쇄   2006년 10월 12일
초판 발행   2006년 10월 23일

감수자   아라이 신이치
옮긴이   차병기
펴낸이   안창근
펴낸곳   고려닷컴

출판등록   2004년 7월 22일 제7-284호
주소   서울 도봉구 창동 333-2 한성빌딩 702호
전화   02-996-0715 팩스 02-996-0718
E-mail   koryo81@hanmail.net
ISBN   89-91335-10-1 13690